KB071611

경계선 지능 아동 · 청소년을 위한

느린 학습자 인지훈련 프로그램 ②

청각적 주의력 · 시각적 주의력

박현숙 저

학지사

머리말

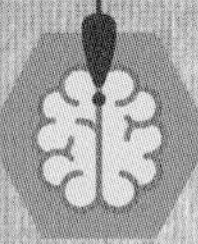

이 책은 경계선 지적 기능 아동 · 청소년의 인지기능과 기초학습 능력 증진, 사회성 발달을 위한 매뉴얼이다. 『정신장애 진단 및 통계편람(제4판)』(DSM-IV)에 따르면 경계선 지적 기능은 'IQ 71~84에 해당하며 지속적인 관심을 가지고 주의해야 할 발달장애군'이다. 경계선 지적 기능은 임상적인 도움을 필요로 하지만 지적 장애에는 포함되지 않는 V코드에 해당하여 장애로 분류되지는 않는다.

지능의 정규분포곡선에 따르면 경계선 지적 기능의 출현율은 전체 인구의 13.59%에 해당하지만, 장애로 분류되지 않기 때문에 이에 대한 관심이 매우 적어 관련된 연구와 정책 마련이 미비하다. 그러나 교육현장과 양육시설, 지역아동센터 등의 기관, 심지어 일반 가정 내에서도 경계선 지적 기능 아동 · 청소년 양육과 교육에 대해 어려움을 호소하는 것을 쉽게 볼 수 있다. 이러한 어려움에 대한 호소 중에서 가장 큰 것은 관련 정보에 대한 접근이 어렵고 대상아동에 특화된 프로그램의 부재로 인해 개입이 힘들다는 점이다. 관련 정보에 대한 접근이 쉽지 않은 이유는 높은 출현율에도 불구하고 경계선 지적 기능이 장애로 분류되지 않아 실행 연구가 드물고 알려진 정보도 매우 적기 때문이다. 연구나 교육을 통해 알려진 정보가 적기 때문에 대상에 특화된 프로그램을 구성할 수 없고, 도움을 필요로 하는 대상이 산적해 있음에도 조기개입과 적절한 개입이 매우 어렵다. 이에 저자는 경계선 지적 기능 아동 · 청소년에 특화된 인지 · 학습 능력 증진을 위한 매뉴얼을 제작했다.

경계선 지적 기능 아동 · 청소년의 인지기능과 학업 능력의 증진을 위한 『느린 학습자 인지훈련 프로그램』에서 다루고 있는 기술은 작업기억, 기억력, 행동억제, 집행력, 청각적 주의력과 시각적 주의력, 언어적 사고력, 수학적 사고력이다. 이 프로그램은 각 기술 요소를 개선하는 데 필요한 활동을 포함하고 있으며 지적 기능의 경계선 수준부터 활용 가능하도록 수준별로 제작하여 대상 아동·청소년의 지적 수준과 흥미에 따라 적합한 난이도의 활동지를 선택적으로 사용할 수 있다. 또한 각 기관이나 가정의 상황, 아동·청소년의 특성에 따라 내용을 재구조화하거나 필요한 부분만을 선별하여 활용할 수도 있다. 예를 들어, 시각적 주의력의 저하로 인해 학습효과가 낮을 경우 이 부분을 먼저 집중적으로 훈련할 수 있다.

이 프로그램을 통해서 경계선 지적 기능 아동·청소년이 인지적으로 뒤처지지 않고, 효율적인 학습을 위한 바탕이 마련되어 학교와 일상에서 보다 적응적인 생활을 영위하기를 기원한다.

2021년 1월

박현숙

서론

1. 경계선 지적 기능의 정의

미국의 지적발달 장애협의회(formerly called the American Association on Mental Retardation: AAIDD-11)의 매뉴얼에 따르면, 경계선 지적 기능을 가진 사람들은 지적 장애의 진단 기준보다는 높지만 평균에는 미치지 못하는 지능지수를 가지고, 지적 장애를 가진 사람들과 유사한 사회적 어려움을 경험하는 사람들을 말한다. 『정신장애 진단 및 통계 편람(제5판)[Diagnostic and Statistical Manual of Mental Disorders(5th ed.): DSM-5]』에서는 경계선 지적 기능을 '임상적인 관심을 요하는 별도의 조건들'에 해당하는 V코드로 분류했다. DSM-5에서는 경계선 지적 기능과 지적 장애를 구분하기 위해서 지적 기능과 적응 기능 간의 불균형에 대해 주의 깊은 평가를 해야 한다고 명시되어 있다. 국제질병 분류(International Classification of Diseases: ICD-10)에서도 지적 기능과 적응행동에 대한 평가를 포함해서 지적 장애의 기준을 설명할 수 있어야 한다고 설명한다.

대부분의 연구에서 경계선 지적 기능을 가진 사람들이 겪는 공통적인 어려움을 언급하고 있다. 적응행동에 심각한 문제를 가지고 있지만 지능지수가 장애 기준에 부합되지 않기 때문에 지적 장애에 해당하는 도움이나 서비스를 받을 수 없다는 점을 우려하면서 주의 깊은 선별을 권하고 있다. 경계선 지적 기능의 지능지수 범주에 해당하는 점수를 가진 사람 모두가 적응행동의 문제로 도움을 필요로 하는 것은 아니다. 그러나 이러한 범주의 사람이 가진 특성에 대한 연구는 이들이 보다 사회적응적으로 살아가는 데 도움이 될 것이다. 최근까지도 경계선 지적 기능에 대한 인식이 많이 부족해서, 이에 해당하는 사람들의 특성을 어떻게 다루어야 할지 알려 줄 만한 합의된 정의나 규정이 없는 실정이다. 이 때문에 앞서 설명한 매뉴얼과 선행연구를 종합했을 때 경계선 지적 기능을 가진 아동·청소년은 '지적 장애에 해당하지는 않지만 평균지능에 미치지 못하는 지능을 가지면서, 일상생활과 학교생활에서 부적응하여 도움을 필요로 하는 아동·청소년'이라고 할 수 있다.

2. 경계선 지적 기능의 특성

1) 인지적 특성

경계선 지적 기능은 인지적 기능 면에서 특징적이다. Show(2008)에 따르면 경계선 지적 기능의 인지적 특성은 다섯 가지로 나눌 수 있다.

첫째, 경계선 지적 기능에 해당하는 아동은 구체적인 방법으로 정보를 제시할 때 더 잘 수행한다. 추상적인 개념을 배우기 어려워하며, 자신의 삶과 동떨어진 사실에 대해 학습할 때 더 힘들어한다.

둘째, 배운 정보, 기술, 책략 등을 다른 곳에 전환하거나 일반화해서 사용하지 못한다. 내용에 따라 잘 배울 수 있는 부분도 있지만 배운 개념을 다른 상황에 전환하거나 새로운 상황이 되었을 때 적용하기가 어렵다.

셋째, 새로운 정보를 얻었을 때에는 동화와 조절을 통해 잘 분류하여 기억하고, 필요할 때 회상해서 적절히 활용할 수 있어야 한다. 그런데 새로운 정보를 얻는다 해도 이전에 획득했던 정보에 동화시키기 어려워하고, 기억창고에 저장도 잘 되지 않으며, 저장된다 하더라도 적절한 때에 그 정보를 회상하지 못해서 효율적으로 사용할 수 없다.

넷째, 또래만큼의 학업적 기술 수준을 유지하는 데 더 많은 시간과 반복적인 연습이 필요하다.

다섯째, 거듭되는 실패로 인해 자아존중감이 낮고, 학업적 동기유발에 결함이 있을 수 있다.

경계선 지적 기능의 기억 과정을 살펴보면 그들의 인지적 특성을 보다 명확하게 알 수 있다. 단기기억, 작업기억, 장기기억 체계의 효율성이 떨어진다는 것이 경계선 지적 기능의 대표적인 인지적 특성이다. 이들이 주로 사용하는 기억 방법은 기계적인 암기다. 기계적 암기는 기억해야 할 내용을 논리적으로 이해하지 않아도 지식을 받아들여 암송하거나 쓰는 등의 방법을 통해 암기하는 기억 방법으로, 경계선 지적 기능 아동·청소년이 흔히 사용한다. 또 집중에 방해되는 자극이 생겼을 때 너무 민감하게 반응하고 산만해져 기억을 위한 정보처리 과정에 부정적인 영향을 끼치기도 한다. 이해가 잘 안되거나 추상적인 소재에 대한 수행을 해야 할 때 이러한 특징은 더 명확히 드러난다.

2) 학업적 특성

효율적인 방법을 이용해서 경우에 따라 꽤 긴 시간 동안 지속해야 하는 학습에서는 풀어야 할 문제를 인식하고 이해하는 능력뿐만 아니라 계획과 이 과정을 통제하는 것, 이전에 정했던 목표와 일치하는지의 여부를 확인하는 것도 중요하다. 기억 과정에서는 자신의 능력에 대한 인식과 인지기능 과정에서의 자신의 강점과 약점을 파악할 수 있어야 한다. 또 배운 것이나 경험한 내용을 언제 이용하고 어떻게 조직화해야 하는지, 주어진 문제를 풀 때 필요한 능력의 다양한 종류를 점검하는 방법인 상위 인지를 위한 집행력을 발휘할 수 있어야 한다.

경계선 지적 기능 아동·청소년은 정보를 수초 동안만 의식 속에 유지해 두는 청각적 단기기억이 필요한 과제에서 또래와 비교해 수행이 저조할 수 있다. 이 때문에 듣고 쓰는 받아쓰기나 읽고 이해한 후 답을 쓰는 시험이나 과제, 수업에서 자주 실패한다.

작업기억은 정보들을 의식 속에 일시적으로 보유하면서, 각종 인지적 과정을 계획하고 순서 지으며 실제로 처리하는 과정을 의미한다. 경계선 지적 기능 아동·청소년은 작업기억에 결함이 있는 경우가 많은데, 이로 인해 주의집중에 어려움을 겪는다. 하나의 과제에 집중하는 시간이 짧고 방해자극이 있을 때 이를 무시할 수 있는 능력까지 적어서 산만함이 더 커진다. 결과적으로 수업에 집중하기 어려워할 수 있으며 문제를 풀거나 수업을 듣는 과정에서 과잉활동이 심한 경우도 있다. 이러한 것들은 학습의 질에 직·간접적인 영향을 미쳐서 경계선 지적 기능 아동·청소년이 읽기, 쓰기, 수학과 같은 기본적인 학업적 기술을 이해하고 익히는 데 시간이 많이 걸리거나 어려움을 겪게 한다.

3. 경계선 지적 기능 아동 · 청소년을 위한 개입

1) 인지발달을 촉진하기 위한 개입

경계선 지적 기능을 가진 아동 · 청소년에게 별도의 관심을 주지 않거나 개입을 하지 않고 방치할 경우, 나이가 들면서 지능지수가 더 낮아진다고 주장하는 연구들이 있다. 경계선 지적 기능은 평균 지능의 범주와 지적 장애에 해당하는 지능의 범주 사이에 위치하므로 지능지수가 조금만 하락해도 지적 장애에 이를 수 있다. Najma(2012)와 Sangeeta(2009)의 연구에 따르면 경계선 지적 기능 아동을 대상으로 학업적 개입이나 사고력 증진을 위한 프로그램을 실시하면 인지기능과 언어 능력 등에서 유의한 긍정적 변화를 기대할 수 있다고 한다. 특히 인지 능력과 학습능력에 크게 영향을 미치는 주의력이나 암기력은 적절한 개입을 통해 개선될 수 있다. 또한 학습한 내용을 활용하는 데 필요한 예측, 조직화, 일반화하는 능력도 훈련 여부에 따라 보다 발전된 형태로 기능할 수 있다. 경계선 지적 기능이 지적 장애 수준의 지능으로 악화되는 것을 막고, 보다 적응적인 삶을 사는 데 필요한 인지기술의 발달을 도모하기 위해서는 경계선 지적 기능이라는 특성에 맞으면서 개별 욕구를 충분히 반영할 수 있는 인지발달 증진 프로그램이나 훈련을 지속적으로 제공해야 한다.

2) 학업적 개입

경계선 지적 기능 아동 · 청소년은 해당 학년의 학업성취도 기준에 도달하기가 매우 어렵다는 특성을 지니고 있다. 그러나 적절한 지도와 보살핌이 있다면 교육이 가능하다. 학습 속도가 느리고 효율성 면에서 결함을 가지고 있기 때문에 충분한 시간을 주고 반복해서 연습할 수 있도록 도와주면, 비록 느리지만 어느 정도의 학업적 성공을 경험할 수 있다. 특히 제 학년에서의 학업적 성취경험은 경계선 지적 기능 아동 · 청소년의 심리적 특성이나 사회성 증진에도 긍정적 영향을 미치기 때문에 보다 체계적이고 개별적인 학업적 개입이 필요하다. 학습과정은 정보를 습득하고 저장하여 필요할 때 인출하는 인지적 과정의 반복이므로 학습에 필요한 인지기능이 부진할 경우 이를 보완하여 학습에 방해가 될 만한 인지기능의 결함을 제거 또는 완화시키는 것이 중요하다. 또한 학습은 개선된 인지기능을 더 잘 사용할 수 있도록 반복 훈련하는 과정이다. 즉, 학습과정이 인지기능의 발달을 촉진할 기회를 반복적으로 제공함으로써 지능의 하락을 방지하며, 인지기능의 발달로 인해 더 효율적인 학습이 가능해지는 선순환의 구조를 가진다. 학습이 지능의 악화를 예방하고, 학습에서의 성공경험이 경계선 지적 기능 아동 · 청소년의 심리적 욕구를 충족시킬 수 있기 때문에 학업적 개입을 위한 프로그램을 선정하여 지속적인 개입을 했을 때 더 큰 효과를 거둘 수 있다.

3) 인지 · 학습적 개입을 위한 프로그램의 적용

앞서 살펴본 바와 같이 경계선 지적 기능은 학습과 사회 적응에 필요한 인지기능의 속도와 효율성 저하가 그 특징이라고 볼 수 있다. 그러므로 경계선 지적 기능을 가진 아동 · 청소년의 취약하거나 결핍된 인지기능을 찾아 이를 개선할 수 있는 개별화된 인지기능 향상 프로그램을 적용하는 것이 중요하다.

취약하거나 결핍된 인지기능을 찾기 위해서는 경계선 지적 기능을 가진 아동 · 청소년을 관찰하거나 지능검사를 활용할 수 있다. 기관이나 학교에서 아동의 학습이나 적응 상태 등을 면밀히 관찰하여 주로 문제가 되는 특성을 살피고, 표준화된 지능검사의 결과를 참고하여 취약한 인지기능을 찾아 보완해야 한다.

이 프로그램에서는 작업기억, 기억력, 행동억제, 집행력, 청각적 주의력, 시각적 주의력, 언어적 사고력, 수학적 사고력으로 나누어 활동을 제시했다. 각 활동이 특정 소단원에 묶였다고 해서 해당 활동이 하나의 인지기능만을 강화시키는 활동이라고 볼 수는 없다. 한 활동이 작업기억과 집행력, 언어적 사고력을 동시에 향상시키지만 중점적으로 키워 줄 수 있는 인지기능이 해당 영역에 포함되기 때문에 배치된 경우가 대부분이기 때문이다. 이 점을 고려하여 경계선 지적 기능 아동 · 청소년에게 활동을 제시해야 한다.

4. 지능검사상의 인지기능과 경계선 지적 기능

표준화된 지능검사인 웩슬러 아동용 지능검사(WISC-IV)에서 측정하는 인지기능의 영역과 그 영역에서 결함이 있을 때 경계선 지적 기능을 가진 아동 · 청소년이 보이는 특성은 다음과 같다.

1) 언어 이해/공통성

(1) 측정 영역

공통적인 사물이나 개념을 나타내는 두 개의 낱말을 듣고, 두 낱말이 어떻게 유사한지를 말하는 소검사다. 언어적 추론 능력, 언어적 개념형성 능력, 언어적 문제해결 능력, 문화적 및 학습적으로 축적된 지식의 유무 및 양, 알아들을 수 있는 언어 수준과 알고 있어서 표현할 줄 아는 언어의 수준을 측정한다. 들은 내용을 이해하는 정도와 잘 기억하고 있는지, 언어적으로 얼마나 잘 표현해 낼 수 있는지 측정한다고 볼 수 있다.

(2) 이 영역에서 경계선 지적 기능을 가진 아동의 특성

특정 그림을 보거나 낱말을 듣고 관련된 생각을 떠올리는 능력이 부족한 경우 취약한 영역이다. 생각이 떠올랐다 해도 적절한 언어로 표현하여 상대에게 전달하는 능력이 부족한 경우에도 이 영역이 영향을 받을 수 있다. 사물이나 개념에서 더 중요하고 기본적인 특성들을 찾아내지 못하는 경향이 있어서 지엽적인 단서만으로 문제나 상황을 판단하여 어려움을 겪을 수 있다.

(3) 측정 영역의 개선을 위한 이 프로그램의 소단원

이 프로그램의 청각적 주의력, 언어적 사고력과 집행력의 활동을 이용해서 지도할 수 있다.

2) 언어 이해/어휘

(1) 측정 영역

제시된 그림의 이름을 말하거나 낱말에 대해 적절히 설명하는 소검사다. 언어적 추론 능력, 언어적 개념형성 능력, 언어적 문제해결 능력, 문화적 및 학습적으로 축적된 지식의 유무 및 양, 알아들을 수 있는 언어 수준과 알고 있어서 표현할 줄 아는 언어의 수준을 측정한다. 들은 내용을 이해하는 정도와 잘 기억하고 있는지, 언어적으로 얼마나 잘 표현해 낼 수 있는지를 측정한다고 볼 수 있다.

(2) 이 영역에서 경계선 지적 기능을 가진 아동의 특성

공통성과 유사하게 특정 장면이나 낱말, 상황이 제시됐을 때 관련된 생각을 떠올리는 능력이 어느 정도인지를 나타낸다. 양육환경이 열악해서 교육적 자극이 적었다는 등의 환경적 이유나 교육적 자극은 풍부했지만 인지적 미성숙으로 인해 축적된 지식이 적었는지를 살펴보고 적절히 개입할 수 있어야 한다. 경계선 지적 기능을 가진 경우, 장기기억에 저장되는 낱말의 양이 적고, 저장된다 하더라도 필요할 때 회상해 내는 능력이 부족할 수 있으며, 회상한 내용에 대한 설명력의 부족으로 이 영역에서의 어려움이 있다.

(3) 측정 영역의 개선을 위한 이 프로그램의 소단원

이 프로그램에서는 집행력, 언어적 사고력의 활동을 이용해서 지도할 수 있다.

3) 언어 이해/이해

(1) 측정 영역

사회적 상황에 대한 이해와 일반적인 원칙을 잘 파악하고 있는지를 알아보기 위한 소검사다. 언어적 개념의 형성 정도, 언어적 이해와 표현, 과거 경험에 대해 평가해서 현재의 상황에 참고할 수 있는 능력, 읽고 이해해서 언어적으로 문제를 해결하거나 실제 상황에서 언어적 지식을 발휘할 수 있는지, 사회적 판단력과 성숙도, 상식을 측정한다.

(2) 이 영역에서 경계선 지적 기능을 가진 아동의 특성

경계선 지적 기능을 가진 아동이 특히 취약할 수 있는 부분이다. 이 부분에 결함이 있을 경우, 사회적 상황에 대한 이해나 판단이 부족해서 가정이나 학교 등 일상적 생활에서 생기는 대인관계의 갈등을 원만히 해결하지 못할 수 있다. 사회적 갈등 상황이나 문제해결 상황에서 우유부단하거나 회피 또는 미숙한 결정으로 어려움을 겪기 때문에 예견되는 반복적인 문제를 어떻게 해결해야 할지 미리 계획을 세우고 확인해 주는 체계적인 도움이 필요할 것이다.

(3) 측정 영역의 개선을 위한 이 프로그램의 소단원

이 프로그램에서는 기억력, 집행력, 언어적 사고력의 활동을 이용해서 지도할 수 있다.

4) 언어 이해/상식

(1) 측정 영역

광범위한 주제의 일반적 지식을 포함하는 질문에 대답하는 소검사다. 사실에 기초하면서 일반적으로 잘 알려져 있는 지식을 획득, 보유, 필요할 때 기억해 내는 능력을 측정한다. 장기기억의 효율성을 측정하는데, 이때 주제에 대한 언어적 표현, 청각적 정보처리 능력과 이해를 잘 하는지 알아볼 수 있다.

(2) 이 영역에서 경계선 지적 기능을 가진 아동의 특성

경계선 지적 기능을 가진 아동·청소년은 평균적인 지능을 가진 또래에 비해 주어진 경험을 통해 축적되는 지식의 양이나 질이 낮아서 많은 양의 경험이나 독서량이 있다고 해도 실제로 쌓이는 지식량이 적을 수 있다. 되도록이면 교과서를 비롯한 읽기자료(만화책이어도 읽을 수 있는 자료는 중요함)를 자주 보는 습관을 들여야 하며, 읽은 내용에 대해 대화하는 등의 방법으로 지식을 쌓을 수 있도록 도와야 한다.

(3) 측정 영역의 개선을 위한 이 프로그램의 소단원

이 프로그램에서는 작업기억, 기억력, 집행력, 언어적 사고력의 활동을 이용해서 지도할 수 있다.

5) 지각추론/토막짜기

(1) 측정 영역

흰색과 빨간색으로 나뉘어 칠한 정육면체를 사용하여 제시된 모형이나 그림과 똑같은 모양을 만드는 소검사다. 언어적인 개념이 아니라 비언어적인 그림을 보고 추론을 해야 하며, 시각과 운동의 협응이 잘 되고 있는지, 시각적 자극을 관찰하면서 주요 장면과 주변적 장면을 분리해 내는 능력을 측정한다.

(2) 이 영역에서 경계선 지적 기능을 가진 아동의 특성

경계선 지적 기능을 가진 경우 구체적인 조작 이외에 머릿속에서의 조작을 통해 주어진 자극을 분석하여 적절히 처리하는 능력에 결함이 있을 수 있다. 예측을 하거나 "만일 ~라면 어떻게 될까?"라는 가정에서 시작되는 사고가 원활치 않다. 이로 인해 주어진 단서를 가지고 상황을 예측할 때, 중요한 정보와 상대적으로 덜 중요한 정보를 구분하지 못하거나 주어진 단서를 잘 활용하지 못해서 수행이나 문제해결력이 떨어질 수 있다. 일상생활에서부터 예측하고 실행해 보는 경험을 자주 제공할 필요가 있겠다.

(3) 측정 영역의 개선을 위한 이 프로그램의 소단원

이 프로그램에서는 작업기억, 집행력, 수학적 사고력의 활동을 이용해서 지도할 수 있다.

6) 지각추론/공통그림찾기

(1) 측정 영역

두 줄 또는 세 줄로 이루어진 그림들을 제시한 후에 이 그림과 공통된 특성을 가진 그림을 각 줄에서 한 가지씩 고르는 소검사다. 공통된 특성을 언어로 머릿속에 떠올릴 수 있는지와 사물이나 개념을 범주별로 묶어서 사고할 수 있는지의 여부를 측정한다.

(2) 이 영역에서 경계선 지적 기능을 가진 아동의 특성

경계선 지적 기능을 가진 아동 · 청소년은 일련의 상황이나 단서들을 보고 공통된 사항을 빨리 찾아내지 못하는 특성을 가지고 있다. 이로 인해 수행의 속도나 효율성이 떨어지며, 일을 처리하는 과정이나 학습에서 답답함을 유발한다. 공통된 규칙을 찾았을 때 더 많은 일이나 학습량을 자동화된 방식으로 잘 처리할 수 있는데, 그 규칙을 찾기까지가 어려울 수 있다. 프로그램을 통한 활동지에서의 규칙찾기도 중요하지만 일상생활에서 반복되는 행동이나 학습방법에서 규칙을 찾아보는 연습을 꾸준히 하는 것이 좋다.

(3) 측정 영역의 개선을 위한 이 프로그램의 소단원

이 프로그램에서는 작업기억, 집행력, 수학적 사고력의 활동을 이용해서 지도할 수 있다.

7) 지각추론/행렬추리

(1) 측정 영역

일정한 규칙에 따라 배열된 그림들을 보고 각 그림 간의 논리적 관련성을 파악하는 정도를 측정하는 소검사다. 시각적 정보를 변별하면서 주의 깊게 탐색할 수 있는지, 충동적으로 답하지 않고 유혹자극을 잘 변별해 낼 수 있는지, 언어가 아닌 그림 등의 자극에서 일정 규칙을 찾아내서 예측할 수 있는지, 정보를 머릿속에 띄우고 집중해서 사고할 수 있는지 그 능력과 속도를 살펴본다.

(2) 이 영역에서 경계선 지적 기능을 가진 아동의 특성

경계선 지적 기능을 가진 아동ㆍ청소년은 주어진 자극이 서로 어떻게 관련되어 있는지를 파악하고 그 내용을 변별하고 탐색하여 문제해결을 위해 필요한 정보를 생각해 내는 능력에 결함이 있을 수 있다. 꾸준히 일상생활이나 학습과정에서의 상황을 순서에 맞게 말로 표현하는 연습을 시켜야 한다.

(3) 측정 영역의 개선을 위한 이 프로그램의 소단원

이 프로그램에서는 작업기억, 행동억제, 집행력의 활동을 이용해서 지도할 수 있다.

8) 지각추론/빠진 곳 찾기

(1) 측정 영역

제시된 그림을 보고 제한 시간 내에 그 그림에서 빠져 있는 중요한 부분을 가리키거나 말하는 소검사다. 그림 등의 시각적 정보를 봤을 때 관련된 개념을 정확하고 빠르게 떠올릴 수 있는지, 전체와 부분의 관계를 파악하고 있는지, 시각적인 자극에 대해 주의를 잘 유지할 수 있는지를 측정한다.

(2) 이 영역에서 경계선 지적 기능을 가진 아동의 특성

경계선 지적 기능을 가진 아동 · 청소년은 오감을 통해 얻은 자극, 즉 정보들을 기억하고 구별해서 필요한 처리를 하는 과정에 문제가 있을 수 있다. 전체를 본 기억은 떠올릴 수 있지만, 부분으로 나뉘어 있을 때에는 관련지어 생각하기 어려워한다. 시각적 자극에 대해 자세한 탐색을 하지 않고 흘깃 보는 경우가 많기 때문에 자세히 보는 습관이 필요하다. 여러 방면에서 상황이나 정보를 탐색할 수 있도록 단서를 제시하여 회상하도록 하는 과정을 훈련할 필요가 있다.

(3) 측정 영역의 개선을 위한 이 프로그램의 소단원

이 프로그램에서는 작업기억, 행동억제, 집행력의 활동을 이용해서 지도할 수 있다.

9) 작업기억/숫자

(1) 측정 영역

검사자가 불러 주는 숫자를 듣고 그대로 따라 하거나, 거꾸로 따라서 암송하는 소검사다. 청각적으로 들은 정보를 단기적으로 머릿속에 띄워 놓고 정해진 규칙에 따라 암송하여 처리하고 있는지 측정한다. 청각적 주의력을 측정하며 정보를 머릿속에 띄워 놓고 처리하는 작업기억, 숫자에 대한 인식, 바로 따라 하기에서 거꾸로 따라 하기로 전환됐을 때의 정신적 처리의 융통성과 순발력을 측정한다.

(2) 이 영역에서 경계선 지적 기능을 가진 아동의 특성

경계선 지적 기능을 가진 아동 · 청소년이 이 영역에서 낮은 점수를 보일 때에는 들은 내용에 대한 기억이나 정보처리 능력이 부족할 수 있다. 이 능력의 부족은 학교에서 수업을 듣는 과정에 문제를 일으킬 수 있으며, 타인과 대화하거나 지시를 듣고 따르기에 어려움을 겪을 수도 있다. 들은 내용에 대해 단기적으로 처리하거나 혹은 장기기억으로 넘겨 저장하는 연습을 꾸준히 해야 한다.

(3) 측정 영역의 개선을 위한 이 프로그램의 소단원

이 프로그램에서는 작업기억, 행동억제, 청각적 주의력, 수학적 사고력의 이동을 활용해서 지도할 수 있다.

10) 작업기억/순차연결

(1) 측정 영역

연속되는 숫자와 글자를 섞어서 읽어 주고, 숫자가 커지는 순서와 한글의 가나다순으로 정렬해서 암송해 보게 하는 소검사다. 입력된 정보를 일정한 규칙에 따라 순서화할 수 있는지, 들은 정보를 머릿속에 띄워 놓을 수 있는지, 입력된 정보를 머릿속에 띄우고 목적에 맞게 짧은 시간 안에 적절히 처리해 낼 수 있는지를 측정한다.

(2) 이 영역에서 경계선 지적 기능을 가진 아동의 특성

시간이나 원인 및 결과에 따라 순서화하고 계획을 세울 수 있는 능력이 부족할 때 낮을 수 있다. 들은 내용을 일시적으로 머릿속에 담아 두고 적절하게 처리할 수 있어야 학습도 가능하고 타인과의 대화나 훈육도 가능하다. 이에 대한 능력이 부족하면 말을 하고 있는 사람 입장에서는 경계선 지적 기능을 가진 사람이 한 귀로 듣고 한 귀로 흘리는 듯한 느낌을 받는다. 정확히 들었는지 확인이 필요하므로 말한 내용을 자주 확인하고 들은 내용에 대해 표현하는 경험을 자주 가져야 한다.

(3) 측정 영역의 개선을 위한 이 프로그램의 소단원

이 프로그램에서는 작업기억, 행동억제, 청각적 주의력의 이동을 활용해서 지도할 수 있다.

11) 처리속도/기호쓰기

(1) 측정 영역

간단한 기하학적 모양이나 숫자에 대응하는 기호를 규칙으로 정하고, 이를 기억해서 해당 모양이나 숫자를 기호로 옮겨 적는 소검사다. 규칙을 단기기억 속에 띄워 놓고 새로 제시되는 모양이나 숫자를 기호로 옮겨 적어야 하기 때문에 단기기억, 시각적인 그림들을 변별하고 탐색하는 능력, 눈으로 본 것을 손으로 그려 낼 수 있는 협응, 과제에 대한 지속력이나 집중력, 과제에 대한 동기 유지 능력을 측정한다.

(2) 이 영역에서 경계선 지적 기능을 가진 아동의 특성

소근육 발달이 인지기능의 발달과도 관련이 있다. 인지기능이 원활하면 사고 과정의 속도나 효율성이 좋고 미세한 근육과의 협응 능력도 좋아 정교한 소근육 사용이 가능하지만, 경계선 지적 기능을 가졌을 경우에는 그렇지 못한 경우가 많다. 특히 쓰기 문제가 있을 수 있으며, 정보를 일시적으로 머릿속에 띄우고 규칙에 대한 기억을 유지하여 문제를 해결하는 능력이 부족할 수 있다. 단시간에 특정 상황이나 개념을 기억해서 처리하는 연습이 필요하다.

(3) 측정 영역의 개선을 위한 이 프로그램의 소단원

이 프로그램에서는 작업기억, 집행력, 시각적 주의력, 언어적 사고력의 활동을 이용해서 지도할 수 있다.

12) 처리속도/동형찾기

(1) 측정 영역

제시된 표적 모양이 보기에 나온 그림 중에 있는지의 여부를 표시하는 소검사로 제한시간이 있다. 시각적인 정보를 처리하고 그것이 쓰는 행동까지 이어지는 능력, 단기적으로 규칙을 머릿속에 띄울 수 있는 능력, 유사한 자극이 있을 때 융통성 있게 처리할 수 있는 능력, 시각적 정보를 처리하는 동안의 주의집중력, 시각적 정보의 변별 능력을 측정한다.

(2) 이 영역에서 경계선 지적 기능을 가진 아동의 특성

기호쓰기와 마찬가지로 정보를 일시적으로 머릿속에 띄우고 규칙에 대한 기억을 유지해서 문제를 해결하는 능력을 측정한다. 경계선 지적 기능을 가진 아동과 청소년은 정보의 유입과 처리가 동시에 되지 않아서 유입된 정보를 흘리고 문제를 해결하지 못하는 경우가 잦을 수 있다. 따라서 판단이나 결정 과정에서 속도나 효과성을 증진시키는 연습이 필요하다. 이 능력의 결함은 학습과도 연관될 수 있어서 읽고 쓰기나 듣고 쓰기, 보고 쓰기, 지필 시험 등에 영향을 미칠 수 있다.

(3) 측정 영역의 개선을 위한 이 프로그램의 소단원

이 프로그램에서는 작업기억, 집행력, 시각적 주의력, 수학적 사고력의 활동을 이용해서 지도할 수 있다.

■ 참고문헌

American Psychiatric Association (1994). *The Diagnostic and statistical manual of mental disorders* (4th ed.). Arlington, VA: Author.

American Psychiatric Association (2013). *The Diagnostic and Statistical Manual of mental disorders* (5th ed.). Arlington, VA: Author.

Najma, I., Rehman, G., & Hanif, R. (2012). Effect of Academic Interventions on the Developmental Skills of Slow Learners. *Pakistan Journal of Psychological Research, 27*(1), 135–151.

Sangeeta, M. (2009). Effect of intervention training on mental abilities of slow learners. *International Journal of Science Education, 1*(1), 61–64.

차례

느린 학습자 인지훈련 프로그램 ❷

청각적 주의력 · 시각적 주의력

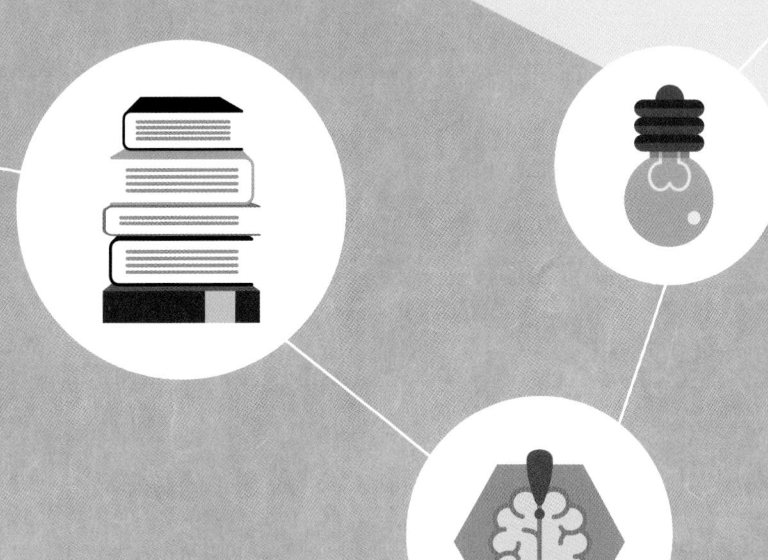

주의집중력이란

주의(attention)란 의식적인 노력 없이 외부 자극에 자연스럽게 반응하는 대체로 수동적인 인지작용이며, 집중(concentration)은 특정 과제수행 및 문제해결에 필요한 인지작용이다. 주의력은 외부자극의 종류에 따라 청각적 주의력과 시각적 주의력으로 나뉜다.

청각적 주의력은 오감 능력 중 소리에 집중하는 능력이다. 불필요한 방해자극은 무시하고 나에게 필요한 정보에 선택적으로 집중하여 문제해결 및 과제를 수행할 때 필요한 정보를 활용할 수 있는 능력이다. 예를 들면, 한 아동이 심부름으로 마트에 가서 무엇을 사 가지고 와야 하는지와 심부름을 다녀오는 동안의 주의사항에 대해 듣고 갔다. 청각적 주의력이 부족한 경우 내가 꼭 기억해야 하는 정보를 놓쳐서 사 올 것을 빼먹는다거나 불필요한 물건을 사 오는 등 성공적으로 심부름을 할 수 없게 된다.

또한, 학교 수업시간에 선생님이 말로 무엇인가를 설명할 때, 무엇에 대해 설명하고 있는지, 나에게 필요한 정보는 무엇이며, 반 친구들이 잡담하며 이야기하는 소리를 들어야 할지 아니면 선생님이 설명하는 소리를 들어야 할지 선택해야 한다. 집중을 잘 하는 아이들은 이런 상황에서 방해자극이 무엇인지 명확하게 구분하여 필요한 정보에 집중한다.

또래 관계에서는 친구들과 대화를 나눌 때, 무슨 이야기를 해야 할 것이며, 현재 나누고 있는 대화의 주제는 무엇인지를 잘 파악해서 이야기할 수 있어야 한다. 그러나 청각적 주의력이 부족하면 대화 과정에서 엉뚱한 대답을 하거나, 혹은 무슨 대화를 하고 있는지 파악하지 못해서 대화에서 소외되거나 놀림을 받기도 한다.

이렇게 일상생활은 물론 학습에서도 청각적 주의력은 매우 중요한 역할을 한다. 방해자극과 주의를 기울여야 하는 청각 정보를 구분하고 선택적으로 집중하여 문제해결 및 과제수행을 성공적으로 해내는 데 쓰이는 청각적 주의력을 적절히 발달시키는 것은 적응적인 삶을 살아가는 데 매우 중요한 요소이다.

시각적 주의력은 눈으로 보이는 시각적 자극에 주의를 기울여 집중하는 능력을 말한다. 학습의 기본적 바탕은 글을 정확하게 읽고 이해하는 것인데 시각적 주의력이 결핍된 사람은 학습의 기본인 책을 통한 지식 습득이 어렵다. 책이나 학습에 지속적으로 집중하지 못할 뿐만 아니라, 수학 부호를 혼동하거나, 읽어야 할 글자를 대충 읽어 시험 문제의 내용을 정확하게 파악하지 못할 수 있다.

이렇듯 주의집중력은 일상생활 속에서 주의 깊게 듣고, 보고, 문제를 해결해야 할 학령기 아동과 문제해결에 미숙한 경계선 지적 기능 아동이 적절히 발달시켜야 할 중요한 인지 기능이라 할 수 있겠다.

경계선 지적 기능 아동 · 청소년의 주의집중력

경계선 지적 기능을 가진 아동 · 청소년의 주의지속 시간은 비교적 짧은 편이다. 집중력이 부족해서 한 번에 30분 이상을 언어적으로 설명하는 학교 교육에 집중하기가 어렵다. 학습해야 하는 것에 집중하고 주된 특징들을 관찰해야 하는데, 경계선 지적 기능 아동 · 청소년들은 여기에 실패하여 불안해하거나 산만함을 보여서 세부 사항에 주목하거나 자극들을 지각하는 기민함, 어떤 자극을 차단하고 어떤 자극에는 더 민감해지는 능력인 상대성, 하나의 과제에 초점을 맞추어 사고하는 집중, 이 세 가지 측면 모두에서 취약한 경향이 있다.

하지만 간단한 훈련만으로도 시각적 주의력와 청각적 주의력을 어느 정도까지 발달시킬 수 있다. 시각적 주의력과 청각적 주의력의 개선만으로도 인지 기능이나 대인관계에서의 의사소통 능력 등의 발달에 변화가 있을 수 있기 때문에 조기에 우선적으로 개입해야 하는 부분이라고 볼 수 있다.

활동 목표

1. 청각적 자극이나 정보를 구분하고, 필요한 정보에 선택적으로 집중하는 연습을 해서 타인과의 대화 및 논의, 수업참여, 학습 등에서 청각적 주의력을 적절히 발휘하게 한다.
2. 시각적 자극이나 정보를 효율적으로 처리하는 연습을 해서 개인적 과제수행, 소근육 발달, 눈-손 협응, 학습 등에서 시각적 주의력을 적절히 발휘하게 한다.

청각적 주의력

듣는 내용에 해당하는 부분 표시하기 1

다음 들려주는 내용을 듣고, 그림에서 찾아 ○표 해 봅시다. 사물이 어느 위치에 있는지 좌표를 이용해 설명해 봅시다.

휴지걸이	(8 , 바)	치약	(,)
변기	(,)	바닥의 하수도 구멍	(,)
용변을 보는 사람	(,)	양치컵	(,)
개켜진 수건(,)	(,)	수도꼭지	(,)
비누	(,)	걸려 있는 수건	(,)
거울	(,)	세면대	(,)

듣는 내용에 해당하는 부분 표시하기 2

다음 들려주는 내용을 듣고, 그림에서 찾아 ○표 해 봅시다. 사물이 어느 위치에 있는지 좌표를 이용해 설명해 봅시다.

주전자	(,)	밥그릇	(,)	뒤집개	(,)
넥타이	(,)	냄비 뚜껑	(,)	김이 나는 냄비	(,)
냉장고 손잡이	(,)	국자	(,)	안경	(,)
빈 물컵	(,)	싱크대 서랍	(,)	물컵	(,)
숟가락과 젓가락	(,)	의자	(,)	엄마의 왼손	(,)

듣고 그리기 1

교사가 들려주는 문장을 듣고 그림으로 표현해 봅시다.

1. 큰 네모 안에 동그라미를 그리고, 동그라미 안에 하트를 하나 그려 넣으세요.	
2. 동그라미 밑에 세모가 있고, 세모 옆에 네모를 그려 주세요.	
3. 큰 네모를 그리고, 그 안에 네모를 하나 더 그리고 그 안에 세모를 그려 넣어 주세요.	
4. 큰 동그라미 안에 별 모양, 세모, 네모를 한 개씩 그리세요.	
5. 큰 네모 안에 들어 있는 두 개의 하트모양을 그리고, 한쪽 하트에는 색칠해 주세요.	

듣고 그리기 2

교사가 들려주는 문장을 듣고 그림으로 표현해 봅시다.

1. 나무 아래에 있는 의자 옆에는 한 사람이 서 있습니다.	
2. 도로 위에 자동차 2대가 지나갑니다.	
3. 머리카락이 긴 여자 아이와 머리카락이 짧은 남자 아이가 나란히 서 있습니다.	
4. 한 사람이 비가 오는데 우산을 쓰고 걸어갑니다.	
5. 동그란 어항 안에 두 마리의 물고기가 떠다닙니다.	

전자계산기로 입력하기 1

계산기를 이용하여 불러 주는 연산 문제를 집중해서 듣고 계산해 봅시다.

❶	5 + 6 + 2 =
❷	3 + 5 + 9 + 8 + 4 =
❸	4 + 7 + 5 + 9 + 3 + 7 =
❹	7 + 6 + 5 + 8 + 9 + 5 =
❺	4 + 9 + 7 + 3 + 4 + 10 + 38 =
❻	6 + 8 + 7 + 33 + 9 + 4 + 66 + 84 =
❼	63 + 18 + 10 + 22 + 11 + 70 + 35 =
❽	20 + 32 + 72 + 63 + 10 + 21 + 97 =
❾	10 + 52 + 67 + 14 + 26 + 70 + 49 + 19 =
❿	99 + 10 + 73 + 89 + 94 + 20 + 45 + 34 =

전자계산기로 입력하기 2

계산기를 이용하여 불러 주는 연산 문제를 집중해서 듣고 계산해 봅시다.

❶	245 + 383 + 296 =
❷	343 + 537 + 941 + 835 + 429 =
❸	403 + 702 + 509 + 901 + 304 + 702 =
❹	700 + 600 + 500 + 800 + 900 + 500 =
❺	435 + 926 + 703 + 369 + 400 + 101 + 308 =
❻	600 − 203 + 7 − 33 + 92 − 43 + 66 − 84 =
❼	632 + 218 − 110 + 22 − 11 + 70 − 35 + 724 =
❽	220 + 320 + 720 − 630 + 100 − 210 + 970 =
❾	100 + 502 + 607 − 140 − 267 + 770 + 490 − 190 =
❿	999 − 410 + 173 − 189 + 194 − 220 + 145 − 134 =

전자계산기로 입력하기 3

계산기를 이용하여 불러 주는 연산 문제를 집중해서 듣고 계산해 봅시다.

❶	25 + 476 + 213 =
❷	32 + 54 + 69 + 842 =
❸	476 − 54 − 98 + 75 =
❹	764 − 21 − 98 − 543 + 65 + 89 =
❺	14 + 29 + 97 + 33 − 40 + 11 + 38 − 70 =
❻	63 − 8 + 27 + 33 − 9 − 4 + 66 + 84 − 68 − 47 − 53 =
❼	635 + 1804 − 103 − 222 − 114 − 704 =
❽	2012 − 323 − 723 − 630 + 108 + 210 =
❾	1000 − 523 + 678 − 14 − 264 − 70 − 49 − 19 − 39 =
❿	939 + 107 + 7 + 891 − 944 − 200 − 455 − 345 =

전자계산기로 입력하기 4

계산기를 이용하여 불러 주는 수 연산 문제를 집중해서 듣고 계산해 봅시다.

❶	45 + 50 − 39 + 78 =
❷	69 + 21 + 90 + 61 − 39 =
❸	723 − 323 + 630 + 18 + 22 + 101 =
❹	707 − 18 + 456 − 61 − 89 − 32 − 57 + 215 − 67 + 432 − 486 =
❺	520 − 31 − 57 − 29 + 110 + 24 − 75 + 51 − 56 − 11 =
❻	34 + 75 + 49 + 15 + 23 − 86 + 79 − 20 + 78 + 22 − 99 =
❼	346 + 266 + 75 − 78 − 25 − 75 − 326 − 86 − 32 − 14 − 20 − 5 + 600 =
❽	690 − 543 + 20 + 65 + 98 + 21 + 30 + 22 + 17 − 220 − 180 − 13 =
❾	465 − 64 − 34 − 76 + 9 + 10 + 30 + 53 + 745 − 78 − 94 − 23 − 400 − 321 =
❿	140 + 53 + 842 − 21 − 65 − 78 − 39 − 52 − 95 − 37 + 67 + 46 + 244 =

문장 듣고 의문사 질문에 답하기 1

교사가 들려주는 1개의 문장을 듣고 의문사(누가, 어디, 무엇, 언제, 왜)를 활용하는 두 가지의 질문에 적절히 대답해 봅시다.

1	내일은 토요일이라서 학교에 가지 않고 친구들과 함께 놀이공원에 가기로 했습니다. ◆ 내일은 왜 학교에 가지 않나요? ◆ 친구들이랑 어디에 가기로 했나요?
2	기다려 왔던 축구경기 중계를 보려고 미리부터 텔레비전을 켜 놓았다. ◆ 무엇을 보려고 하나요? ◆ 왜 텔레비전을 켜 놓았나요?
3	민서는 열 번째 생일선물로 한 쌍의 햄스터를 받았습니다. ◆ 민서가 선물을 받은 이유는 무엇인가요? ◆ 무엇을 생일선물로 받았나요?
4	현수는 감기에 걸려서 오후에 소아과에 가서 진료를 받았습니다. ◆ 현수는 왜 병원에 갔나요? ◆ 현수는 어떤 병원에 갔나요?
5	급식을 먹고 나서, 우리는 교실바닥에 앉아 공기놀이를 하였습니다. ◆ 우리는 어떤 놀이를 했나요? ◆ 우리는 어디에서 놀이했나요?

문장 듣고 의문사 질문에 답하기 2

교사가 들려주는 1개의 문장을 듣고 의문사(누가, 어디, 무엇, 언제, 왜)를 활용하는 두 가지의 질문에 적절히 대답해 봅시다.

1	희정이는 늦게 일어나서 학교에 지각을 했습니다.
	◆ 희정이는 왜 지각을 했나요? ◆ 희정이가 늦게 일어나서 어떤 일이 생겼나요?
2	비가 와서 지민이와 언니는 산에 가는 대신에 미용실에 갔습니다.
	◆ 지민이와 언니는 어디에 갔나요? ◆ 지민이와 언니는 왜 산에 가지 못했나요?
3	영선이와 재윤이가 놀이터에서 노는 동안, 가현이는 아이스크림을 사러 갔습니다.
	◆ 영선이와 함께 노는 것은 누구인가요? ◆ 가현이는 무엇을 사러 갔나요?
4	지민이는 원피스를 사려고 백화점에 가기 위해 버스를 기다리고 있습니다.
	◆ 지민이는 어디에 가나요? ◆ 지민이는 왜 백화점이 가나요?
5	저녁때 장을 보러 마트에 갔는데 마트에서 현수를 만났습니다.
	◆ 언제 마트에 갔습니까? ◆ 마트에서 만난 사람은 누구입니까?

문장 듣고 의문사 질문에 답하기 3

교사가 들려주는 2개의 문장을 듣고 의문사(누가, 어디, 무엇, 언제, 왜)를 활용하는 두 가지의 질문에 적절히 대답해 봅시다.

1	경태는 놀이터에서 흙장난을 했습니다. 집에 돌아와서 더러워진 옷을 벗어 세탁기에 넣었습니다. ◆ 경태는 어디에 갔나요? ◆ 경태는 왜 옷이 더러워졌나요?
2	희수는 일요일에 점심을 먹은 뒤 도서관에 갔습니다. 도서관에서 맘에 드는 만화책 두 권을 빌려 왔습니다. ◆ 희수는 언제 도서관에 갔나요? ◆ 희수는 도서관에서 무엇을 빌려 왔나요?
3	여름방학이 시작되어 현수는 매우 기쁩니다. 현수는 방학동안 물놀이도 가고, 할머니 댁에도 갈 것입니다. ◆ 현수는 왜 기쁜가요? ◆ 현수는 방학동안 어디에 갈 것인가요?
4	어제 새 가방을 샀습니다. 민주는 새 가방을 메고 유치원에 갈 것입니다. ◆ 무엇을 샀나요? ◆ 언제 가방을 샀나요?
5	지현이는 아침마다 운동장에서 자전거를 탑니다. 이 자전거는 올해 생일선물로 받은 것입니다. ◆ 지현이는 언제 자전거를 타나요? ◆ 자전거는 왜 받았나요?

문장 듣고 의문사 질문에 답하기 4

교사가 들려주는 2개의 문장을 듣고 의문사(누가, 어디, 무엇, 언제, 왜)를 활용하는 두 가지의 질문에 적절히 대답해 봅시다.

1	진주가 텔레비전을 보고 있는 동안, 동생은 잠이 들었습니다. 진주는 동생이 깰까 봐 텔레비전을 껐습니다.
	◆ 누가 텔레비전을 보았나요? ◆ 동생은 무엇을 하나요?
2	동수는 유치원에서 동물원으로 소풍을 갔습니다. 동수가 넘어져서 울자 선생님께서 연고를 발라 주셨습니다.
	◆ 유치원에서 어디로 소풍을 가나요? ◆ 동수는 왜 울었나요?
3	근우는 학교에서 공부를 하다가 연필이 부러져서 현진이에게 빌렸습니다. 연필은 내일 아침까지 돌려주기로 약속했습니다.
	◆ 근우는 현진이에게 무엇을 빌렸나요? ◆ 근우는 언제 연필을 돌려주기로 약속했나요?
4	미술시간에 희수네 반 아이들은 학교 뒤에 있는 산에 갔습니다. 아이들은 풀밭에 앉아서 그림을 그렸고, 선생님은 서서 그림을 그렸습니다.
	◆ 희수네 반은 언제 산에 갔나요? ◆ 산은 어디에 있나요?
5	민수는 편식이 심하지만, 특히 생선을 싫어합니다. 왜냐하면 가시가 많아서 먹기에 불편하기 때문입니다.
	◆ 누가 생선을 싫어하나요? ◆ 민수는 왜 생선을 싫어하나요?

노래 듣고 박수치기 1

노래를 들으면서 '곰'이 들어가는 모든 낱말에서 박수쳐 봅시다.

동요 〈곰 세 마리〉

곰 세 마리가 한 집에 있어
아빠곰, 엄마곰, 애기곰
아빠곰은 뚱뚱해, 엄마곰은 날씬해.
애기 곰은 너무 귀여워
으쓱으쓱 잘한다.

노래를 들으면서 '이'가 들어가는 모든 낱말에서 박수쳐 봅시다.

동요 〈학교종〉

학교종이 땡땡땡 어서 모이자.
선생님이 우리를 기다리신다.

학교종이 땡땡땡 어서 모이자.
사이좋게 오늘도 공부 잘 하자.

노래 듣고 박수치기 2

노래를 들으면서 'ㄱ'이 들어가는 모든 낱말에서 박수쳐 봅시다.

동요 <작은 별>

반짝반짝 작은 별
아름답게 비추네.
서쪽하늘에서도
동쪽하늘에서도
반짝반짝 작은 별
아름답게 비추네.

노래를 들으면서 'ㄹ'이 들어가는 모든 낱말에서 박수쳐 봅시다.

동요 <울면 안 돼>

울면 안 돼. 울면 안 돼.
산타 할아버지는 우는 아이에겐 선물을 안 주신대.
산타 할아버지는 알고 계신대.
누가 착한 앤지 나쁜 앤지.
오늘 밤에 다녀가신대.
잠잘 때나 일어날 때 짜증날 때 장난할 때도
산타 할아버지는 모든 것을 알고 계신대.
울면 안 돼. 울면 안 돼.
산타 할아버지는 우리 마을을
오늘 밤에 다녀가신대

듣는 내용과 다른 부분 표시하기 1

들려주는 문장을 잘 들으면서 적힌 문장과 다른 부분에 ○표 해 봅시다.

※ 듣기 수준에 따라 1~3회 반복해서 들려줄 수 있다.

❶	팽, 팽, 팽 돌고 싶은 팽이가 얼음판 위에서 신나게 돌고 있습니다.
❷	가랑비에 옷 젖듯이 천천히 스며들며 닮아 가는 것입니다.
❸	지금도 절대로 늦거나 뒤처진 것이 아니에요.
❹	시간이 지나면 그것들은 또 변화해서 사라질 것입니다.
❺	무슨 일을 처음 시작할 때 보면 많은 열정을 가지고 일에 뛰어들게 됩니다.
❻	무엇이든지 남에게 대접을 받고자 하는 대로 너희도 남을 대접하라.
❼	곡식을 얻으려면 밭을 갈고 씨를 뿌려야 한다.
❽	지혜를 얻으려면 배우고 물어야 하는 것이다.
❾	악어는 물속으로 슬그머니 미끄러지고, 바스락대는 나뭇잎 사이를 슬슬 미끄러져 기어가는 옥수수뱀.
❿	사마귀는 날개를 활짝 펴고 날아요. 날 수는 있지만, 멀리 못 나는 경주빼꾸기.

듣는 내용과 다른 부분 표시하기 1

들려주는 문장을 잘 들으면서 적힌 문장과 다른 부분에 ○표 해 봅시다.

❶	팽, 팽, 팽 돌고 싶은 팽이가 얼음판 위에서 신나게 돌고 있었습니다.
❷	가랑비에 옷 젖듯이 천천히 스며들어서 닮아 가는 것입니다.
❸	지금은 절대로 늦거나 뒤처진 게 아니에요.
❹	시간이 지나면 이것들은 또 변화해서 사라질 예정입니다.
❺	어떤 일을 처음 시작할 때 보면 많은 열정을 가지고 일에 뛰어들곤 합니다.
❻	무엇이든지 남에게 대접을 하고자 하는 대로 너희도 나를 대접하라.
❼	곡식을 얻으려면 씨를 갈고 밭을 뿌려야 한다.
❽	지혜를 얻기 위해서는 배우고 질문해야 하는 것이다.
❾	악어는 물속에서 슬그머니 미끄러졌고, 바스락대는 나무들 사이를 슬슬 미끄러져 기어가는 옥수수도마뱀.
❿	사마귀는 날개를 활짝 펼치고 날았어요. 날 수는 있었지만, 멀리 못 날아가는 경주빼꾸기.

듣는 내용과 다른 부분 표시하기 2

들려주는 문장을 잘 들으면서 적힌 문장과 다른 부분에 ○표 해 봅시다.

※ 듣기 수준에 따라 1~3회 반복해서 들려줄 수 있다.

❶	어느 날, 개구리가 들쥐에게 수영을 하자고 졸랐습니다.
❷	개구리는 끈 하나를 들고 와서 들쥐의 다리에 자기 다리를 묶었습니다.
❸	개구리는 싫다는 들쥐를 꾀어 연못으로 데리고 들어갔습니다.
❹	개구리의 다리에 묶여 연못 속에 들어간 들쥐는 숨이 막혔습니다.
❺	들쥐는 괴로워하며 몸부림을 쳤습니다.
❻	들쥐가 몸부림을 치는 바람에 들쥐의 다리에 묶인 줄이 풀렸습니다.
❼	가까스로 연못 밖까지 도망쳐 나온 들쥐는 개구리를 원망했습니다.
❽	연못 속을 헤엄쳐 다니던 개구리는 다리에 묶인 줄이 물풀에 엉켜서 움직일 수 없었습니다.
❾	개구리는 엉킨 줄을 풀려고 애를 썼지만 풀 수 없었고, 지나가던 뱀이 개구리를 냉큼 잡아먹었습니다.
❿	개구리는 들쥐를 꾀어 괴롭히다가 뱀의 먹이가 되고 말았답니다.

듣는 내용과 다른 부분 표시하기 2

들려주는 문장을 잘 들으면서 적힌 문장과 다른 부분에 ○표 해 봅시다.

❶	어느 날, 개구리가 들쥐에게 수영을 하자고 했습니다.
❷	개구리는 끈 하나를 가져와서 들쥐의 다리에 자기 다리를 묶었습니다.
❸	개구리는 싫다는 들쥐를 속여서 연못으로 데리고 들어갔습니다.
❹	개구리의 다리에 묶인 채로 연못 속에 들어간 들쥐는 숨이 막혔습니다.
❺	들쥐가 괴로워하며 몸부림을 쳤습니다.
❻	들쥐가 몸부림을 치는 바람에 들쥐의 다리에 묶였던 줄이 풀렸습니다.
❼	가까스로 연못 밖으로 도망쳐 나온 들쥐는 개구리를 원망했습니다.
❽	연못 속에서 헤엄쳐 다니던 개구리는 다리에 묶인 줄이 물풀에 엉켜서 꼼짝도 할 수 없었습니다.
❾	개구리는 엉킨 줄을 풀려고 했지만 풀 수 없었고, 지나가던 뱀이 개구리를 한 입에 잡아먹었습니다.
❿	개구리는 들쥐를 꾀어 괴롭히다가 뱀에게 잡아먹히고 말았답니다.

듣는 내용과 다른 부분 표시하기 3

들려주는 문장을 잘 들으면서 적힌 문장과 다른 부분에 ○표 해 봅시다.

※ 듣기 수준에 따라 1~3회 반복해서 들려줄 수 있다.

❶	옛날 어느 마을에, 사이 좋은 형제가 살고 있었습니다.
❷	가을이 되자, 형제는 여름내 땀 흘려 가꾼 벼를 거두었습니다.
❸	사이 좋은 형제는 볏단을 똑같이 나누어 가졌습니다.
❹	집에 돌아온 형은 아우가 장가도 가야 하니 곡식이 더 필요할 거라고 생각했습니다.
❺	형은 밤에 들판에 나가 자기의 볏단을 몇 번이나 지고 가서, 아우의 볏단 위에 얹어 놓았습니다.
❻	그런데 이튿날 아침, 들판에 나가 보니 자기의 볏단이 조금도 줄어들지 않았습니다.
❼	그날 밤, 형은 다시 자기 볏단을 아우의 볏단 위에 옮겨 놓았습니다.
❽	그 다음날 아침에도 형의 볏단은 조금도 줄지 않았습니다.
❾	그날 밤에 볏단을 지고 가던 형은 맞은편에서 볏단을 지고 오는 아우를 만났습니다.
❿	식구가 많은 형을 걱정해서 아우가 자기의 볏단을 져다가 형의 볏단에 쌓고 있었다는 걸 알게 된 두 사람은 크게 웃었습니다.

듣는 내용과 다른 부분 표시하기 3

들려주는 문장을 잘 들으면서 적힌 문장과 다른 부분에 ○표 해 봅시다.

❶	옛날 어떤 마을에, 사이 좋은 형제가 살았습니다.
❷	가을이 되자, 형제는 여름내 땀 흘려 농사지은 벼를 거두었습니다.
❸	사이 좋은 형제는 볏단을 똑같이 나누었습니다.
❹	집에 돌아온 형은 아우가 장가를 가야 하니 곡식이 더 많이 필요할 거라고 생각했습니다.
❺	형은 밤에 들판에 쌓아 둔 자기의 볏단을 몇 번이나 지고 가서, 아우의 볏단 위에 쌓았습니다.
❻	그런데 다음날 아침, 들판에 나가 보니 자기의 볏단이 전혀 줄어들지 않았습니다.
❼	그날 밤, 형은 다시 자기 볏단을 아우의 볏단 위에 가져다 놓았습니다.
❽	그 다음날 아침에도 형의 볏단은 조금도 줄어들지 않았습니다.
❾	그날 밤에 볏단을 지고 가던 형은 반대편에서 볏단을 지고 오는 아우와 마주쳤습니다.
❿	식구가 많은 형이 걱정되어서 아우가 자기의 볏단을 져다가 형의 볏단에 옮겨 놓고 있었다는 걸 알게 된 두 사람은 크게 웃었습니다.

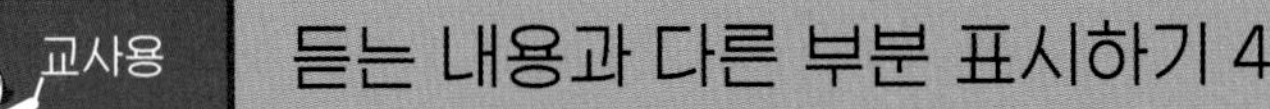

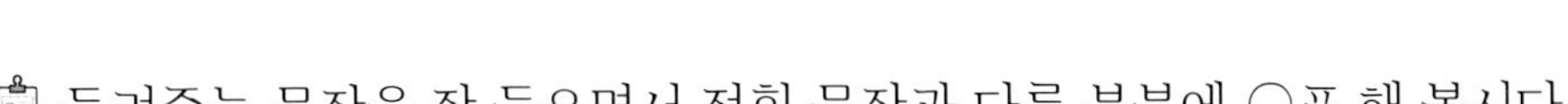

들려주는 문장을 잘 들으면서 적힌 문장과 다른 부분에 ○표 해 봅시다.

※ 듣기 수준에 따라 1~3회 반복해서 들려줄 수 있다.

❶	나무 한 그루와 소년이 있었다. 나무는 소년을 사랑했고, 소년은 날마다 나무를 찾아가 함께 놀았다.
❷	소년은 나무에서 떨어지는 나뭇잎을 잡기도 하고, 나뭇잎으로 왕관을 만들어 놀기도 하고, 사과도 따 먹고, 술래잡기도 했다.
❸	소년은 점점 자랐고, 친구와 연인이 생기면서 나무와 함께하는 시간이 점점 줄어들었다.
❹	어른이 된 소년은 나무를 찾아가서 돈이 필요하다고 했더니 나무는 기꺼이 사과를 따 가라고 했다.
❺	소년은 오랜 세월이 지나 나무를 찾아가서는 집을 만들기 위해 나무의 가지를 잘랐다.
❻	이제 나이가 든 소년은 먼 곳으로 떠나기 위해 나무를 잘라 배를 만들었다.
❼	나무는 소년에게 모든 것을 줄 수 있어서 행복했다.
❽	마침내 소년은 할아버지가 되어 나무를 찾아갔고 나무는 소년에게 더 이상 줄게 없어서 미안했다.
❾	할아버지가 된 소년은 그저 나무 밑동에 앉아 편히 쉬었다.
❿	밑동만 남았지만 나무는 소년에게 쉴 곳을 마련해 줄 수 있어 행복했다.

듣는 내용과 다른 부분 표시하기 4

📋 들려주는 문장을 잘 들으면서 적힌 문장과 다른 부분에 ○표 해 봅시다.

❶	나무 한 그루와 한 소년이 있었다. 나무는 소년을 사랑했고, 소년은 날마다 나무를 찾아가 함께 놀곤 했다.
❷	소년은 나무에서 떨어지는 나뭇잎을 잡거나 나뭇잎으로 왕관을 만들어 놀았으며, 사과를 따 먹고, 술래잡기도 했다.
❸	소년은 점점 커서, 친구와 연인이 생겼고 나무와 함께 하는 시간이 점점 줄었다.
❹	어른이 된 소년은 나무를 찾아가서 돈이 필요하다고 했고 나무는 흔쾌히 사과를 따 가라고 했다.
❺	소년은 오랜 세월이 지나 나무를 찾아가서는 집을 만들고 싶다며 나무의 가지를 잘랐다.
❻	이제 어른이 된 소년은 먼 곳으로 떠나고 싶다면서 나무를 잘라 배를 만들었다.
❼	나무는 소년에게 아낌없이 줄 수 있어서 행복했다.
❽	마침내 소년은 할아버지가 되고 나서야 나무를 찾아갔고 나무는 소년에게 이제는 줄 게 없어서 미안했다.
❾	할아버지가 된 소년은 그저 나무 그루터기에 앉아 편히 쉬었다.
❿	밑동만 남았지만 아낌없이 주는 나무는 소년에게 앉을 곳을 마련해 줄 수 있어 행복했다.

들려주는 내용을 잘 들으면서 들은 내용과 다른 부분에 ○표 해 봅시다.

※ 듣기 수준에 따라 1~3회 반복해서 들려줄 수 있다.

눈먼 곰과 다람쥐

숲 속에 앞을 못 보는 곰이 살고 있었어요. 다른 곰들은 눈먼 곰을 볼 때마다 놀려 댔어요. 눈먼 곰은 눈물을 뚝뚝 흘렸어요. 어느 날 배가 고픈 눈먼 곰이 먹이를 구하러 다녔어요. 그러다가 그만 바위 밑으로 굴러 떨어졌어요. 눈먼 곰은 크게 다쳤어요.

"나 좀 도와줘."

곰이 소리쳤지만 아무도 오지 않았어요. 마침 그때 다람쥐 한 마리가 지나가다가 다친 곰을 보았어요. 착한 다람쥐는 친구가 되었어요. 사이좋게 서로 도우며 살았어요.

그러던 어느 날, 사나운 늑대가 다람쥐를 잡아먹으려고 쫓아왔어요.

"곰아, 나 좀 도와줘."

다람쥐가 소리쳤어요. 눈먼 곰은 얼른 착한 다람쥐를 안고 엎드렸어요.

"이쪽으로 온 다람쥐 못 봤니?"

늑대가 곰에게 물었습니다. 그러자 눈먼 곰이 이렇게 말했어요.

"눈이 멀어서 너도 못 보는데 어떻게 다람쥐를 보았겠니?"

늑대는 씩씩거리며 사라졌어요.

학생용

듣는 내용과 다른 부분 표시하기 5

들려주는 내용을 잘 들으면서 들은 내용과 다른 부분에 ○표 해 봅시다.

눈먼 곰과 다람쥐

숲 속에 앞을 못 보는 곰이 살고 있어요. 다른 동물들은 눈먼 곰을 볼 때마다 놀려 댔어요. 눈먼 곰은 눈물을 뚝뚝 흘렸어요. 어느 날 배가 고픈 눈먼 곰이 먹이를 구하러 갔어요. 그러다가 그만 바위 밑으로 굴러 떨어졌어요. 눈먼 곰은 다리를 다쳤어요.

"나 좀 도와줘."

곰이 소리쳤지만 누구도 오지 않았어요. 마침 그때 다람쥐 한 마리가 지나가다가 다친 곰을 발견했어요. 착한 다람쥐는 동무가 되었어요. 사이좋게 서로 도우며 살았어요.

그러던 어느 날, 무서운 늑대가 다람쥐를 잡아먹으려고 쫓아왔어요.

"곰아, 나 좀 도와줘."

다람쥐가 소리쳤어요. 눈먼 곰은 냉큼 착한 다람쥐를 안고 엎드렸어요.

"저쪽에서 온 다람쥐 못 봤니?"

늑대가 곰에게 물었습니다. 그러자 눈먼 곰이 이렇게 말했어요.

"눈이 멀어서 너를 못 보는데 어떻게 다람쥐를 보았겠니?"

늑대는 씩씩거리며 멀리로 사라졌어요.

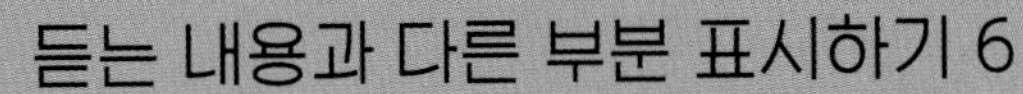

들려주는 내용을 잘 들으면서 들은 내용과 다른 부분에 ○표 해 봅시다.

※ 듣기 수준에 따라 1~3회 반복해서 들려줄 수 있다.

집의 종류

사람들은 자기가 살고 있는 곳의 기후에 알맞게 집을 짓고 삽니다. 더위가 심하고 습도가 높은 열대 지방에서는 마루를 높게 하여 집을 짓기도 하고, 나무 위나 물 위에 집을 짓기도 합니다. 그래야만 더위를 식히고 맹수나 뱀, 벌레들로부터 안전하게 지낼 수 있습니다. 햇빛이 쨍쨍 내리쬐는 건조한 지방 사람들은 흙으로 집을 짓고 산답니다. 흙집은 뜨거운 햇볕을 막고, 습기가 달아나지 않도록 보호해 줍니다. 추위가 심한 곳에서는 문이나 창을 이중 삼중으로 하여 눈과 비, 찬바람을 막는답니다.

듣는 내용과 다른 부분 표시하기 6

들려주는 내용을 잘 들으면서 들은 내용과 다른 부분에 ○표 해 봅시다.

집의 종류

사람들은 자기가 살고 있는 곳의 기후에 맞게 집을 짓고 삽니다. 더위가 심하고 습도가 높은 열대 지방에서는 마루를 높이 하여 집을 짓기도 하고, 나무 위나 물 위에 집을 짓기도 합니다. 그래야만 더위를 식히고 맹수나 뱀, 벌레들로부터 안전하게 지낼 수 있기 때문입니다. 햇빛이 쨍쨍 내리쬐는 건조한 지방 사람들은 흙으로 집을 짓습니다. 흙집은 뜨거운 햇볕을 막아 주고, 습기가 달아나지 않게 보호해 줍니다. 추위가 심한 지역에서는 문이나 창을 이중 삼중으로 하여 눈과 비, 차가운 바람을 막는답니다.

2 시각적 주의력

같은 그림 찾기 1

다음에서 같은 그림을 찾아 동일하게 표시하고, 각각이 모두 몇 개인지 적어 봅시다.

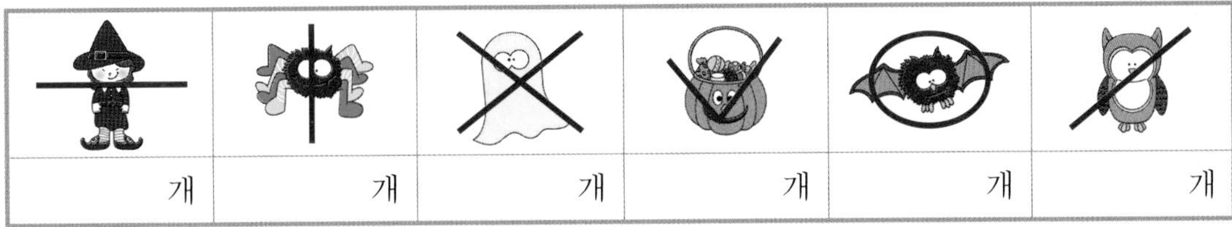

개	개	개	개	개	개

같은 그림 찾기 2

다음에서 같은 음악기호를 찾아 똑같이 표시하고, 각각이 모두 몇 개인지 적어 봅시다.

♩	♪	♫	♬	♯	♭
개	개	개	개	개	개

같은 그림 찾기 3

같은 그림을 찾아 각각 다르게 표시하고, 각각이 모두 몇 개인지 적어 봅시다.

개	개	개	개	개	개

같은 그림 찾기 4

다음에서 같은 그림을 찾아 각각 다르게 표시하고, 각각이 모두 몇 개인지 적어 봅시다.

개	개	개	개	개	개

같은 글자 찾기 1

다음에서 같은 글자를 찾아 각각 다르게 표시하고, 각각이 모두 몇 개인지 적어 봅시다.

ㅈ	ㅊ	ㅋ	ㅌ	ㅍ	ㅎ
개	개	개	개	개	개

<table>
<tr><td>ㅋ</td><td>ㅈ</td><td>ㅌ</td><td></td><td>ㅎ</td><td>ㅍ</td><td>ㅈ</td><td>ㅊ</td></tr>
<tr><td>ㅍ</td><td>ㅊ</td><td>ㅌ</td><td>ㅈ</td><td></td><td></td><td>ㅌ</td><td>ㅋ</td></tr>
<tr><td></td><td>ㅎ</td><td>ㅋ</td><td>ㅋ</td><td></td><td></td><td>ㅈ</td><td></td></tr>
<tr><td>ㅈ</td><td>ㅈ</td><td>ㅍ</td><td></td><td></td><td></td><td>ㅎ</td><td>ㅋ</td></tr>
<tr><td>ㅊ</td><td>ㅌ</td><td></td><td>ㅎ</td><td></td><td>ㅈ</td><td></td><td>ㅈ</td></tr>
<tr><td></td><td></td><td>ㅈ</td><td>ㅍ</td><td></td><td>ㅊ</td><td></td><td>ㅊ</td></tr>
<tr><td>ㅈ</td><td>ㅎ</td><td>ㅋ</td><td></td><td></td><td></td><td></td><td>ㅌ</td></tr>
<tr><td></td><td>ㅊ</td><td>ㅋ</td><td></td><td></td><td>ㅌ</td><td>ㅊ</td><td>ㅍ</td></tr>
<tr><td>ㅋ</td><td></td><td>ㅍ</td><td></td><td></td><td>ㅋ</td><td>ㅎ</td><td></td></tr>
<tr><td>ㅌ</td><td>ㅎ</td><td></td><td>ㅋ</td><td>ㅍ</td><td></td><td>ㅊ</td><td>ㅌ</td></tr>
</table>

같은 글자 찾기 2

다음에서 같은 글자를 찾아 각각 다르게 표시하고, 각각이 모두 몇 개인지 적어 봅시다.

아	어	오	우	으	이
개	개	개	개	개	개

아	아	우		오	어	어	아
으	어	오	이		아	오	우
아	오	아		이	우	이	어
	우	오	으				아
우		이	아		우	아	
어	어	어			오	오	어
으	오	우			우	으	어
	오		어		이		오
오	어	아			우	아	
어	으	우		아	오		아

같은 글자 찾기 3

다음에서 같은 글자를 찾아 각각 다르게 표시하고, 각각이 모두 몇 개인지 적어 봅시다.

X	Y	M	N	S	E
개	개	개	개	개	개

Y	Y	X		X	Y	Y	Y
X	N	E	Y	S	E	N	N
X	N			S		Y	N
Y	X	X		S	Y		X
M	M	M				N	X
Y	Y	E			E	S	Y
Y	N	E	S	X		S	X
N		X	S		M	M	M
E	S	E		X	N		
X				S	S	N	Y

같은 글자 찾기 4

다음 그림에서 'b'를 찾아 ○표를 하고 'b'가 모두 몇 개인지 적어 봅시다.

('b'의 개수: 개)

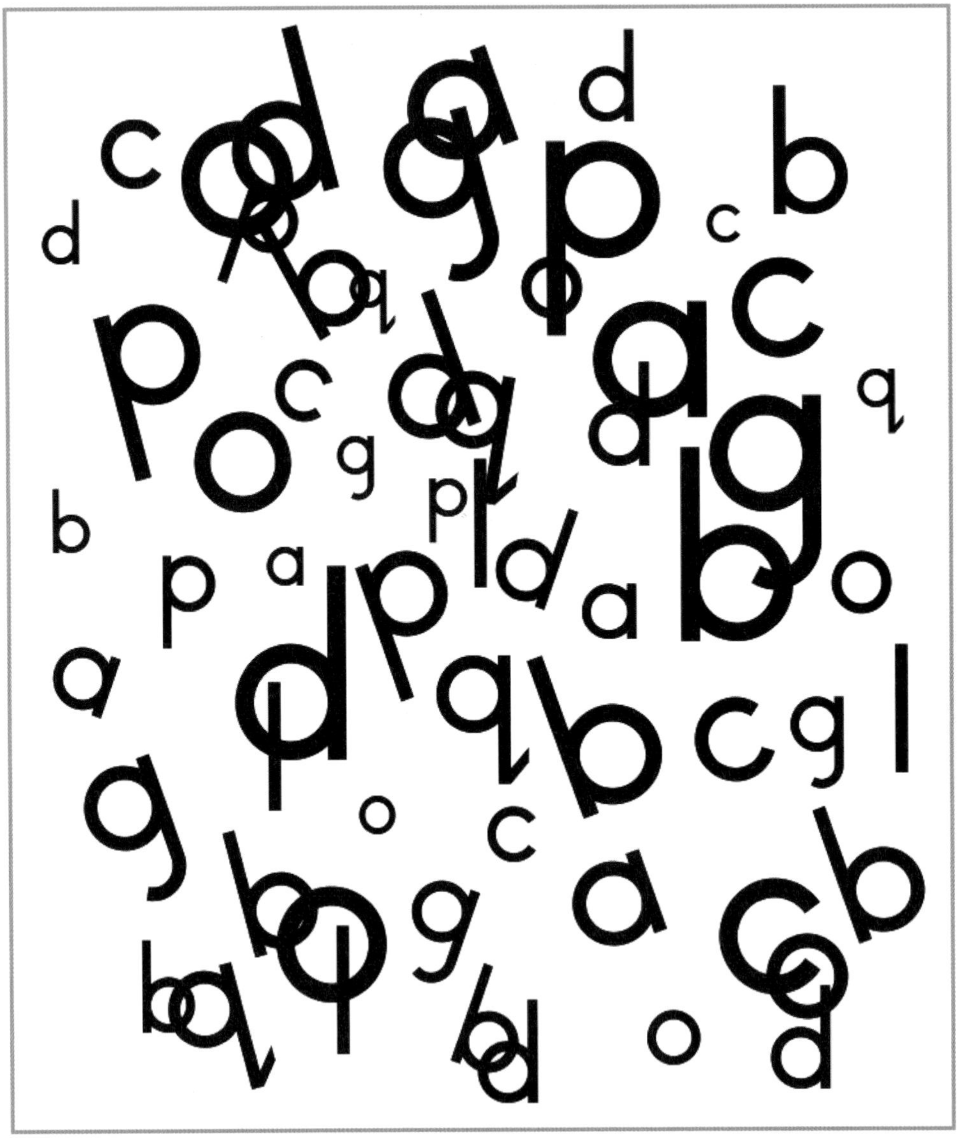

다른 숫자 찾기 1

다음에서 '6'을 찾아 ○표를 하고, '6'은 모두 몇 개인지 적어 봅시다.

('6'의 개수: 개)

9	9	9	6	9	9	9	9	6	9
9	9	6	9	9	6	6	9	9	9
9	9	9	9	9	6	9	9	9	9
9	6	9	9	9	9	9	6	9	9
6	9	9	6	9	9	9	6	9	9
9	6	9	9	9	6	9	9	9	6
6	9	9	9	9	9	9	9	9	9
9	9	9	9	9	9	9	9	9	6
6	9	9	9	6	9	9	6	9	9
9	6	9	9	9	9	9	9	6	9

다른 숫자 찾기 2

다음에서 '2'를 찾아 ○표를 하고, '2'가 모두 몇 개인지 적어 봅시다.

('2'의 개수: 개)

5	5	5	5	5	5	5	5	5	5	2	5
5	5	5	5	5	5	5	5	5	5	5	5
5	5	5	5	5	5	5	5	2	2	5	5
5	2	5	5	5	5	5	5	5	2	5	5
5	5	5	2	5	5	5	5	5	5	5	5
5	2	5	5	5	5	5	5	5	5	5	5
5	5	5	2	5	5	5	2	5	2	5	5
5	2	5	5	2	5	5	5	5	5	5	5
5	5	2	5	5	5	5	5	2	5	5	5
5	5	5	5	5	5	5	5	5	5	2	5
2	5	5	5	5	5	5	5	5	5	2	5
5	5	2	5	5	5	5	5	5	5	5	5
2	5	5	5	2	5	5	5	5	5	5	5
5	5	5	5	5	5	5	5	2	5	5	5
5	2	5	5	5	5	5	5	5	5	5	5
5	5	2	5	5	5	5	5	2	5	5	5
5	5	5	5	5	5	5	5	5	5	2	5

다른 숫자 찾기 3

다음에서 '9'를 찾아 ○표를 하고, '9'가 모두 몇 개인지 적어 봅시다.

('9'의 개수: 개)

8	8	9	8	8	8	8	9	8	9	8	8
8	8	8	8	8	8	8	8	8	8	8	9
8	8	8	8	8	9	8	8	8	8	8	8
8	9	8	8	8	8	8	9	8	8	8	8
8	8	8	8	8	8	8	8	8	9	9	8
8	8	9	8	8	8	8	8	8	8	8	8
9	8	8	9	8	8	8	8	8	8	8	8
8	8	9	8	8	8	8	9	8	8	8	8
9	8	8	8	8	8	8	9	8	8	8	8
8	8	8	8	8	8	8	9	8	8	8	8
8	8	8	8	8	8	9	8	8	8	8	8
8	9	8	8	8	9	8	8	9	8	8	8
8	8	9	8	8	8	8	8	8	8	8	8
9	8	8	8	8	8	8	8	8	9	8	8
8	8	8	8	8	8	8	9	8	9	8	8
8	9	8	8	9	8	8	8	8	8	8	8
8	8	8	8	8	8	8	8	8	8	9	9

다른 숫자 찾기 4

다음에서 '0'과 '9'를 찾아 '0'에는 ✓표시, '9'에는 ○표를 해 봅시다. '0'과 '9'가 각각 몇 개씩인지 적어 봅시다.

('0'의 개수:　　　　　개, '9'의 개수:　　　　　개)

8	0	9	8	8	8	8	9	8	8	8	8
8	8	8	8	0	8	8	8	8	8	8	8
8	8	8	0	8	9	8	8	8	8	8	8
8	9	8	8	8	8	8	9	8	8	8	8
8	8	0	8	8	8	8	8	8	8	9	8
8	8	8	8	8	8	8	0	8	8	0	8
9	8	8	8	8	0	8	8	8	8	8	8
8	8	9	8	8	8	8	9	8	8	0	8
9	8	8	8	0	8	8	8	8	8	8	8
0	8	8	8	8	8	8	9	8	8	8	8
8	8	0	8	8	8	8	8	8	8	8	8
8	8	8	8	8	9	8	8	9	8	8	8
8	8	9	8	8	8	8	0	8	8	8	8
9	8	8	0	8	8	8	8	8	8	8	8
8	8	0	8	8	8	8	8	8	9	8	8
8	9	8	8	9	8	8	8	8	0	8	8
8	8	8	8	8	8	8	8	8	8	9	9

기호 찾기 1

다음에서 ☀를 찾아 ○표를 하고, ☀가 모두 몇 개인지 적어 봅시다.

(제한시간: 3분)

(☀의 개수: 개)

☀	☁	☂	☃	☁	☂	☁	☂	☀	☀
☂	☀	☀	☃	☂	☀	☁	☃	☃	☂
☁	☃	☂	☁	☁	☀	☀	☁	☃	☃
☀	☀	☃	☀	☁	☃	☀	☀	☁	☁
☀	☂	☂	☃	☀	☂	☂	☁	☀	☀
☃	☁	☃	☁	☀	☂	☀	☂	☂	☀
☂	☀	☃	☀	☃	☁	☂	☃	☀	☃
☂	☃	☂	☁	☀	☃	☁	☀	☀	☂
☃	☀	☁	☂	☂	☁	☀	☁	☀	☂
☃	☀	☂	☀	☂	☀	☀	☀	☂	☀
☀	☁	☂	☃	☀	☀	☃	☃	☀	☀
☀	☁	☁	☂	☂	☁	☀	☃	☁	☃

기호 찾기 2

다음에서 ☹를 찾아 ○표를 하고, ☹가 모두 몇 개인지 적어 봅시다.

(제한시간: 3분)

(☹의 개수:　　　　　개)

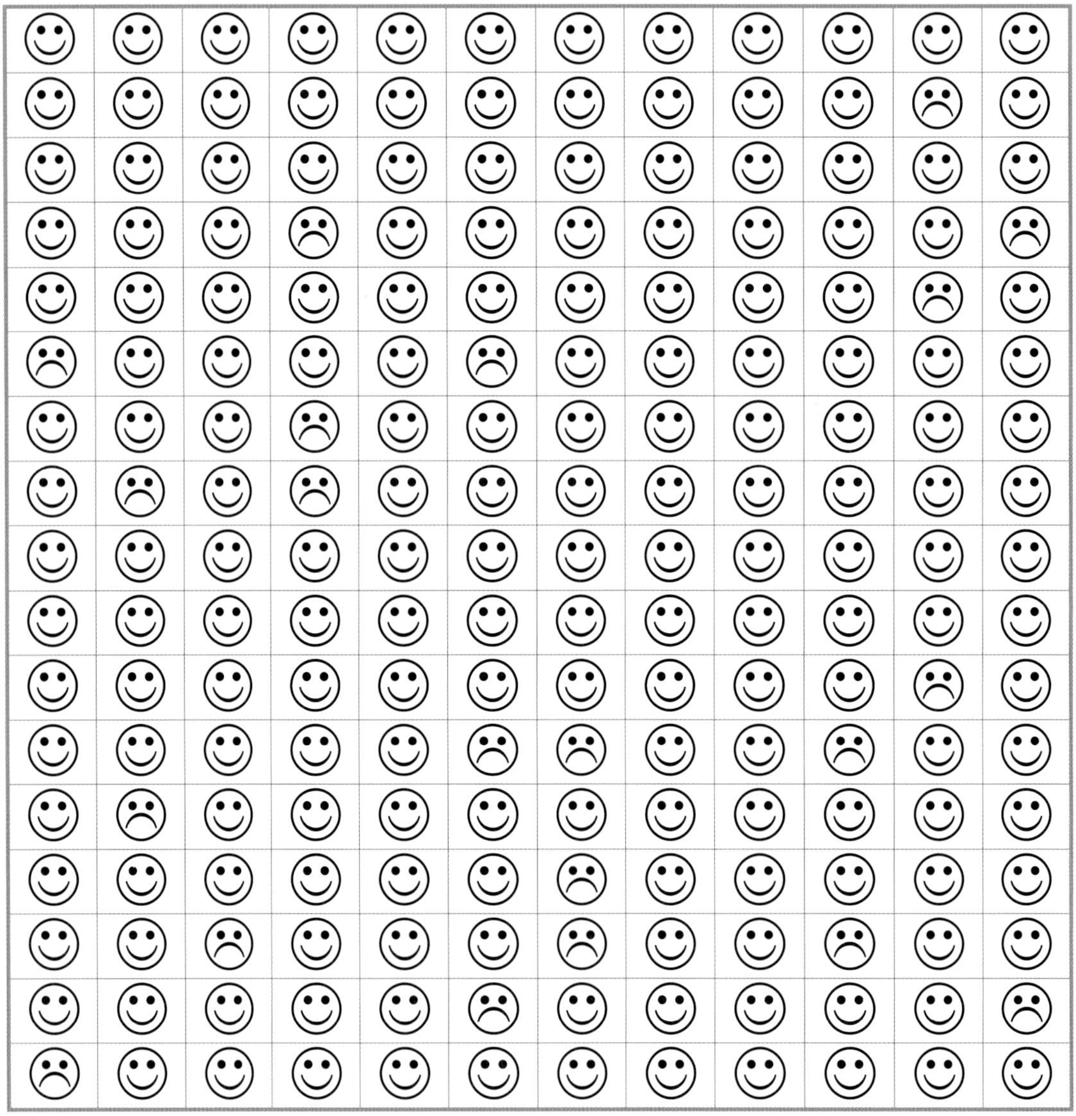

☺	☺	☺	☺	☺	☺	☺	☺	☺	☺	☺	☺
☺	☺	☺	☺	☺	☺	☺	☺	☺	☺	☹	☺
☺	☺	☺	☺	☺	☺	☺	☺	☺	☺	☺	☺
☺	☺	☺	☹	☺	☺	☺	☺	☺	☺	☺	☹
☺	☺	☺	☺	☺	☺	☺	☺	☺	☺	☹	☺
☹	☺	☺	☺	☺	☹	☺	☺	☺	☺	☺	☺
☺	☺	☺	☹	☺	☺	☺	☺	☺	☺	☺	☺
☺	☹	☺	☹	☺	☺	☺	☺	☺	☺	☺	☺
☺	☺	☺	☺	☺	☺	☺	☺	☺	☺	☺	☺
☺	☺	☺	☺	☺	☺	☺	☺	☺	☺	☺	☺
☺	☺	☺	☺	☺	☺	☺	☺	☺	☺	☹	☺
☺	☺	☺	☺	☺	☹	☹	☺	☺	☹	☺	☺
☺	☹	☺	☺	☺	☺	☺	☺	☺	☺	☺	☺
☺	☺	☺	☺	☺	☺	☹	☺	☺	☺	☺	☺
☺	☺	☹	☺	☺	☺	☹	☺	☺	☹	☺	☺
☺	☺	☺	☺	☺	☹	☺	☺	☺	☺	☺	☹
☹	☺	☺	☺	☺	☺	☺	☺	☺	☺	☺	☺

기호 찾기 3

다음에서 ♥를 찾아 ○표를 하고, ♥가 모두 몇 개인지 적어 봅시다.

(제한시간: 3분)

(♥의 개수: 개)

♧	♣	♧	♠	♥	♢	♣	♥	♤	♥
♧	♢	♧	♣	♥	♥	♤	♣	♣	♣
♢	♢	♤	♢	♡	♥	♢	♢	♢	♢
♠	♠	♧	♠	♥	♡	♡	♥	♡	♥
♧	♤	♤	♤	♡	♥	♤	♤	♤	♤
♣	♣	♤	♣	♥	♢	♥	♥	♢	♥
♣	♢	♤	♦	♥	♥	♦	♥	♡	♥
♦	♦	♤	♦	♥	♥	♡	♦	♡	♥
♣	♡	♦	♦	♢	♥	♦	♥	♡	♥
♢	♦	♤	♦	♥	♡	♦	♦	♦	♦
♣	♦	♤	♡	♥	♥	♡	♥	♦	♡
♣	♦	♦	♦	♦	♦	♦	♡	♥	♥

기호 찾기 4

다음에서 ♣를 찾아 ○표를 하고, ♣가 모두 몇 개인지 적어 봅시다.

(제한시간: 3분)

(♣의 개수: 개)

♤	♧	♤	♣	♧	♠	♥	♥	♣	♥	♣	♥
♠	♧	♤	♣	♧	♣	♥	♥	♣	♣	♣	♣
♠	♧	♤	♤	♤	♤	♥	♥	♥	♥	♥	♥
♠	♢	♢	♢	♧	♢	♥	♥	♢	♢	♢	♢
♠	♠	♤	♠	♧	♠	♥	♥	♥	♥	♥	♥
♠	♧	♤	♤	♤	♤	♥	♥	♤	♤	♤	♤
♠	♣	♤	♣	♤	♣	♥	♥	♥	♥	♥	♥
♠	♦	♦	♦	♦	♦	♥	♥	♦	♦	♡	♥
♠	♣	♤	♦	♤	♦	♥	♥	♦	♥	♡	♥
♠	♦	♤	♦	♤	♦	♥	♥	♦	♦	♡	♥
♠	♣	♤	♦	♦	♦	♥	♥	♦	♥	♡	♥
♠	♦	♤	♦	♤	♦	♥	♥	♦	♦	♦	♦
♠	♣	♤	♦	♤	♤	♤	♤	♤	♥	♦	♡
♠	♦	♤	♦	♦	♦	♦	♡	♡	♦	♦	♡
♠	♣	♤	♦	♤	♥	♥	♥	♥	♥	♦	♡
♠	♦	♤	♦	♤	♤	♤	♤	♤	♤	♤	♤
♠	♣	♤	♦	♦	♦	♦	♦	♦	♥	♥	♥

같은 모양 찾기 1

다음의 화살표들 중에서 같은 방향을 가리키는 화살표의 수는 각각 몇 개인지 적어 봅시다(어떤 방법으로 찾을 계획인지 먼저 이야기한 후 찾아본다).

→	←	↑	↓
개	개	개	개

←	↓	→	↑	↓	→	←	↓
↓	↑	←	→	←	↑	↓	→
↓	→	↑	↓	→	←	↓	↑
←	↓	→	←	→	↓	↑	↓
→	↓	→	↑	←	→	↓	←
←	↑	→	←	↓	↓	↑	→
↓	←	→	↑	↓	←	→	←
↑	↓	↓	→	←	↑	↓	→

같은 모양 찾기 2

A~E의 모양과 동일한 모양의 숫자 번호를 아래 칸에서 찾아 적어 봅시다.

A – (　　) B – (　　) C – (　　) D – (　　) E – (　　)

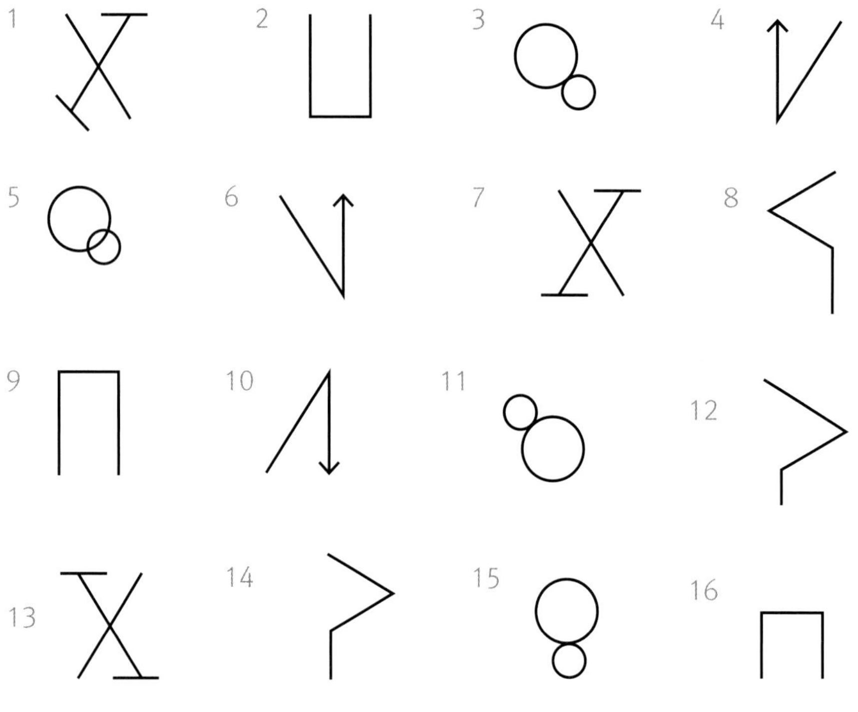

1 2 3 4

5 6 7 8

9 10 11 12

13 14 15 16

같은 모양 찾기 3

A~E의 모양과 동일한 모양의 숫자 번호를 아래 칸에서 찾아 적어 봅시다.

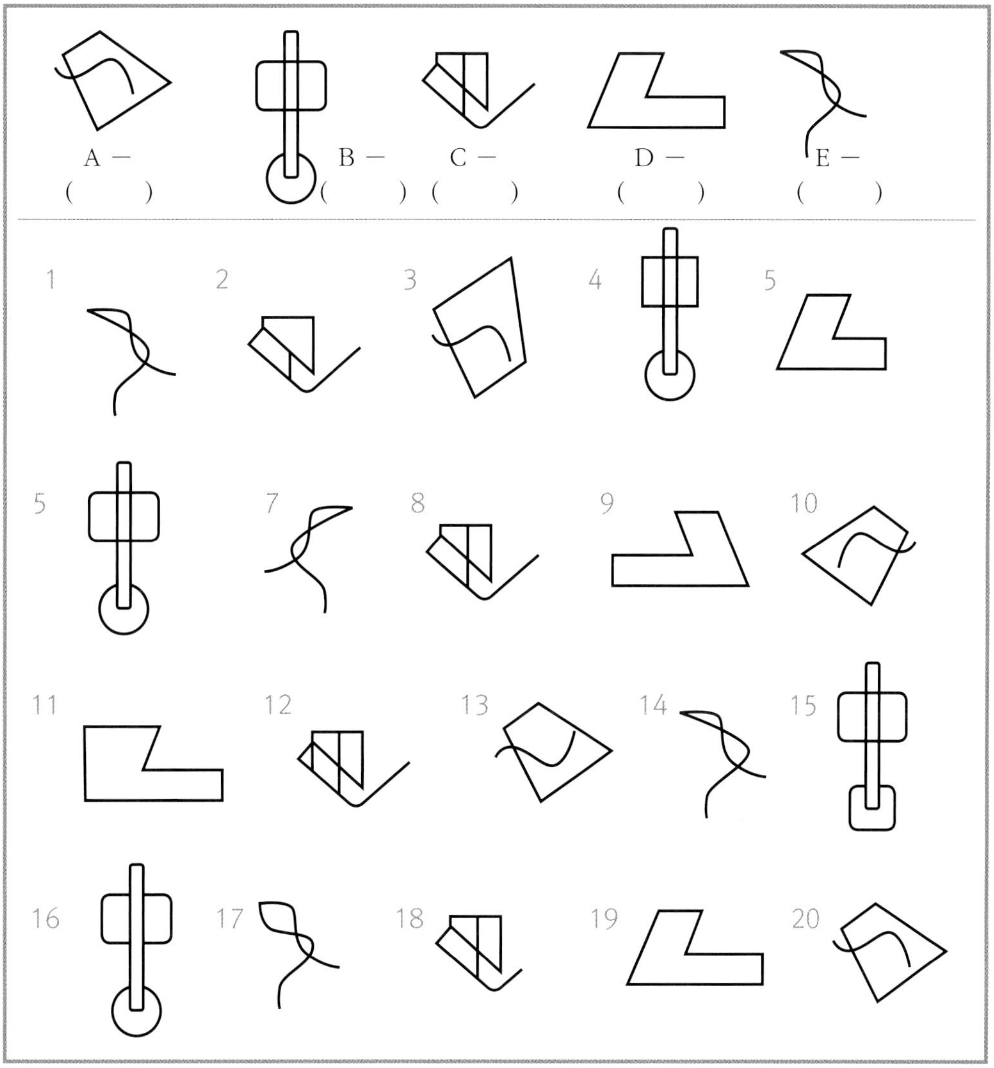

A — ( )　B — ( )　C — ( )　D — ( )　E — ( )

1　2　3　4　5

5　7　8　9　10

11　12　13　14　15

16　17　18　19　20

같은 모양 찾기 4

A~E의 모양과 동일한 모양의 숫자 번호를 아래 칸에서 찾아 적으시오.

A-(　　) B-(　　) C-(　　) D-(　　) E-(　　) F-(　　)

1 2 3 4

5 6 7 8

10

9

11 12 13

14 15 16

같은 모양 찾기 5

다음의 두 모형이 순서대로 놓인 부분에 ○표를 해 봅시다.
(어떤 방법으로 찾을 계획인지 먼저 이야기한 후 찾아본다.)

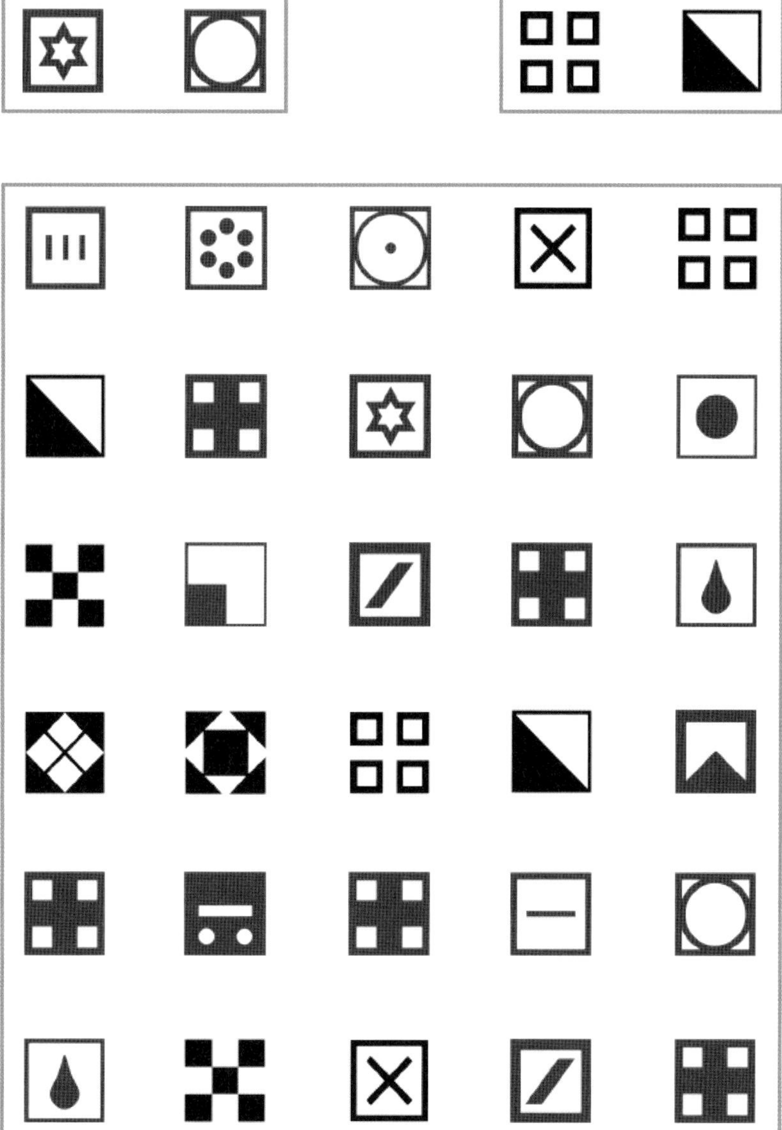

같은 모양 찾기 6

다음의 두 모형이 순서대로 놓인 부분에 ○표를 해 봅시다.

(어떤 방법으로 찾을 계획인지 먼저 이야기한 후 찾아본다.)

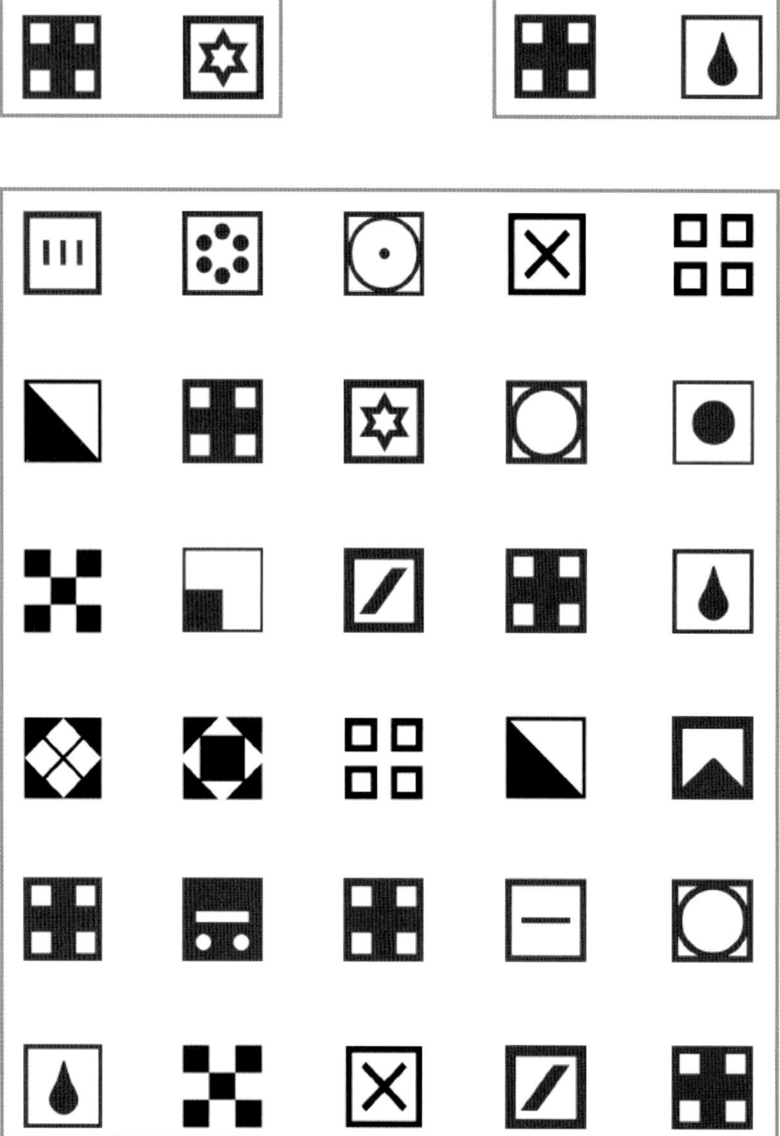

숫자 찾아 잇기 1

숫자가 뒤죽박죽 섞여 있습니다. 1~10까지의 숫자를 차례로 찾아서 선으로 이어 봅시다(10까지 찾아내는 데 얼마나 걸리는지 시간을 재서 기록해 본다).

1.

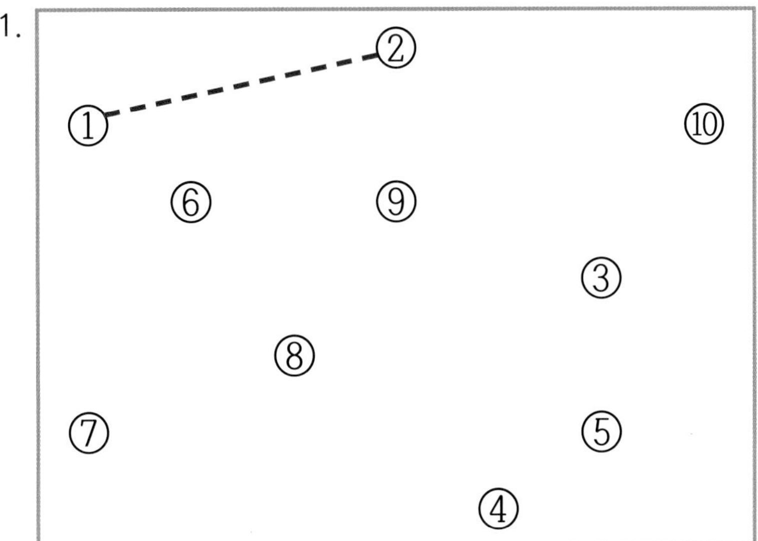

걸린 시간

(분 초)

2.

(7) (9)

(1)

(3) (2) (10)

(8) (6)

(5)

(4)

걸린 시간

(분 초)

숫자 찾아 잇기 2

📋 숫자가 뒤죽박죽 섞여 있습니다. 1~10까지의 숫자를 차례로 찾아서 선으로 이어 봅시다(10까지 찾아내는 데 얼마나 걸리는지 시간을 재서 기록해 본다).

1.

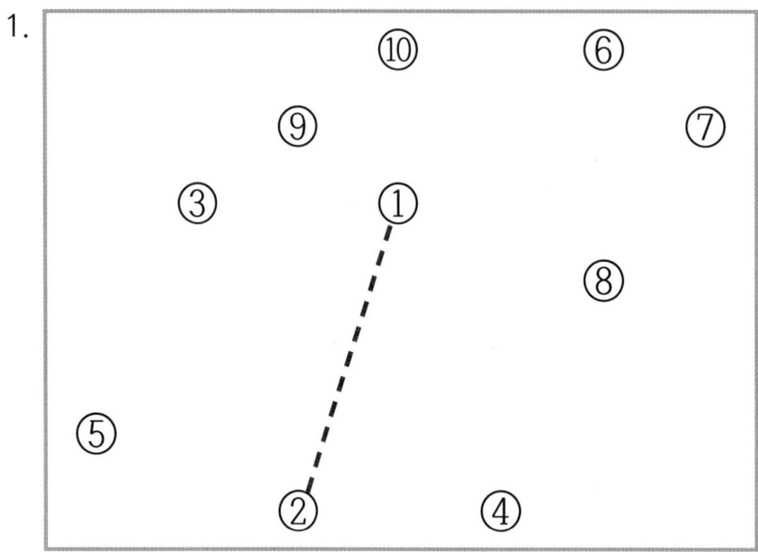

걸린 시간
(분 초)

2.

(2) (1)

(3) (9) (10)

(8) (5) (6)

(4) (7)

걸린 시간
(분 초)

숫자 찾아 잇기 3

숫자가 뒤죽박죽 섞여 있습니다. 1~20까지의 숫자를 차례로 찾아서 선으로 이어 봅시다(10까지 찾아내는 데 얼마나 걸리는지 시간을 재서 기록해 본다).

1.

	⑧		②	⑲		
⑭	①			⑥		⑪
⑱			⑬		③	
		⑰		⑮		⑳
	⑩				⑨	
⑯	⑦		⑫		⑤	
				④		

걸린 시간
(분 초)

2.

	⑺		⑵			⑿
⒀		⒅			⒇	⒃
	⑶				⑽	
⑼		⑾	⒁			⑹
	⒆		⑻		⒂	
			⑸			
⒄		⑴		⑷		

걸린 시간
(분 초)

숫자 찾아 잇기 4

숫자가 뒤죽박죽 섞여 있습니다. 1~20까지의 숫자를 차례로 찾아서 선으로 이어 봅시다(10까지 찾아내는 데 얼마나 걸리는지 시간을 재서 기록해 본다).

1.

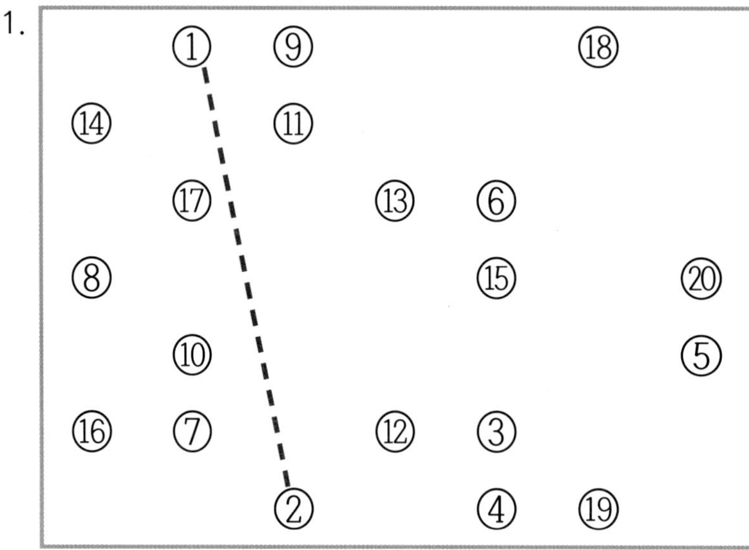

걸린 시간

(분 초)

2.

(3) (7)

(13) (18) (20) (16)

(12) (2) (1) (10)

(9) (15) (6)

(19) (14) (8)

(11) (5)

(4) (17)

걸린 시간

(분 초)

글자 찾아 잇기 1

글자가 뒤죽박죽 섞여 있습니다. '가~아' '아~이'까지의 글자를 차례로 찾아서 선으로 이어 봅시다(순서대로 찾아내는 데 얼마나 걸리는지 시간을 재서 기록해 본다).

1.

나 아
다
사
가
바
마 라

순서: 가-나-다-라-마-바-사-아

걸린 시간
(분 초)

2.

오 유 어
아
요 야
여 우
으
이

순서: 아-야-어-여-오-요-우-유-으-이

걸린 시간
(분 초)

글자 찾아 잇기 2

📋 글자가 뒤죽박죽 섞여 있습니다. '가~하' '가~기'까지의 글자를 차례로 찾아서 선으로 이어 봅시다('하'까지 찾아내는 데 얼마나 걸리는지 시간을 재서 기록해 본다).

1.

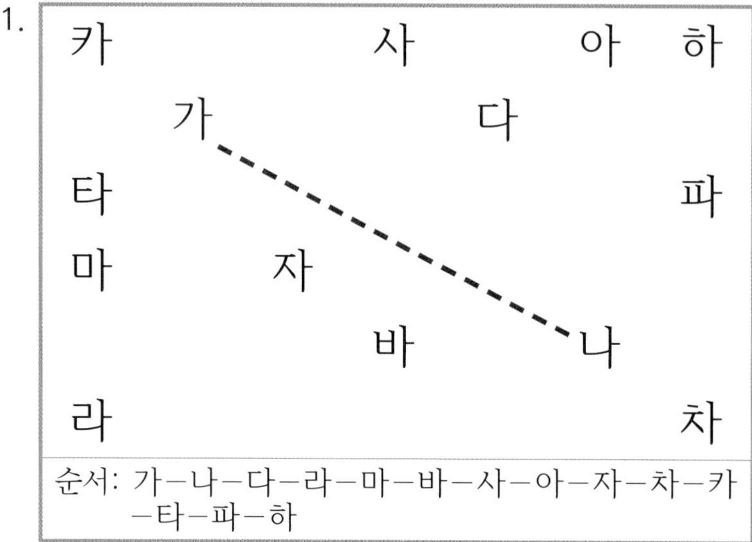

걸린 시간

(분 초)

2.

고 겨 규

기

교 그

구 거

갸

가

순서: 가-갸-거-겨-고-교-구-규-그-기

걸린 시간

(분 초)

글자 찾아 잇기 3

글자가 뒤죽박죽 섞여 있습니다. 'A~N' 'O~Z'까지의 글자를 차례로 찾아서 선으로 이어 봅시다(순서대로 찾아내는 데 얼마나 걸리는지 시간을 재서 기록해 본다).

1.

A	D		E	
	K	C	F	
H		G		M
	B			
J		L		
	I		N	

순서: A–B–C–D–E–F–G–H–I–J–K–L–M–N

걸린 시간
(　　분　　초)

2.

Q			O	
		U		Z
T	Y		P	
R			V	
		X		
S			W	

순서: O–P–Q–R–S–T–U–V–W–X–Y–Z

걸린 시간
(　　분　　초)

글자 찾아 잇기 4

글자가 뒤죽박죽 섞여 있습니다. 'a~n' 'o~z'까지의 글자를 차례로 찾아서 선으로 이어 봅시다(순서대로 찾아내는 데 얼마나 걸리는지 시간을 재서 기록해 본다).

1.

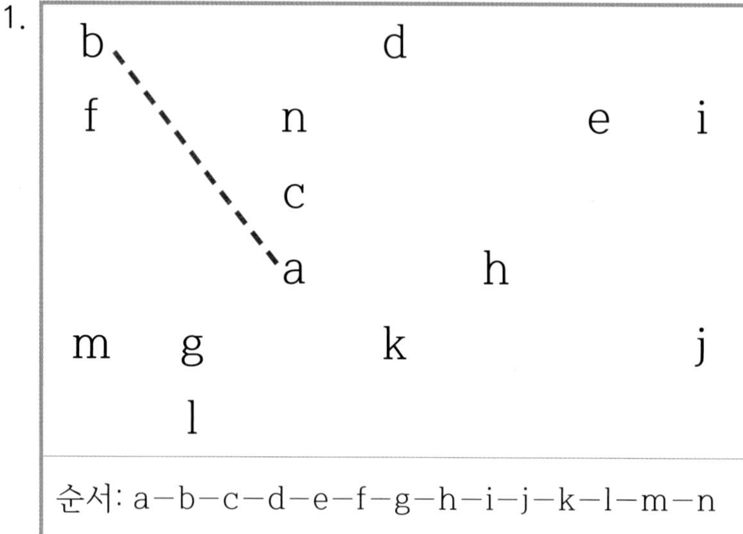

걸린 시간
(분 초)

2.

s x p
y o
r q
u
z v
t w

순서: o–p–q–r–s–t–u–v–w–x–y–z

걸린 시간
(분 초)

숫자와 글자 찾아 잇기 1

글자가 뒤죽박죽 섞여 있습니다. '가~아' '1~10'까지의 글자를 차례로 찾아서 선으로 이어 봅시다(글자와 숫자를 찾을 때 각기 다른 색깔의 펜을 사용하면 더 편리하다).

사

④ 다

가 ⑥

⑤

⑦ ③ 나

바 ⑩

마

① ⑧

아

라 ②

⑨

숫자와 글자 찾아 잇기 2

글자가 뒤죽박죽 섞여 있습니다. '가~하' '1~20'까지의 글자를 차례로 찾아서 선으로 이어 봅시다(글자와 숫자를 찾을 때 각기 다른 색깔의 펜을 사용하면 더 편리하다).

카		④	사				⑤	하
	가				다	⑭		
⑥			⑬					파
마								
⑦				③			나	
⑪		⑳	바			⑩		⑱
	⑯						아	
		자	⑫		⑧		⑮	
					⑰			
⑲							⑨	
라		②			타		①	차

숫자와 글자 찾아 잇기 3

글자가 뒤죽박죽 섞여 있습니다. 'A～N' '1～20'까지의 글자를 차례로 찾아서 선으로 이어 봅시다(글자와 숫자를 찾을 때 각기 다른 색깔의 펜을 사용하면 더 편리하다).

		④	E				⑤	
	D				C	⑭		
⑥			⑬					G
						N		
⑦				③			F	
⑪		⑳				⑩		⑱
			H					
	⑯						I	
		A	⑫		⑧		⑮	
	K			M	⑰			
⑲							⑨	
L		②			J		①	

숫자와 글자 찾아 잇기 4

글자가 뒤죽박죽 섞여 있습니다. 'a~z' '11~20'까지의 글자를 차례로 찾아서 선으로 이어 봅시다(글자와 숫자를 찾을 때 각기 다른 색깔의 펜을 사용하면 더 편리하다).

<table>
<tr><td>b</td><td></td><td></td><td>v</td><td></td><td>u</td><td></td><td>c</td><td></td></tr>
<tr><td></td><td></td><td></td><td></td><td></td><td></td><td>⑭</td><td></td><td></td></tr>
<tr><td>w</td><td>a</td><td></td><td>⑬</td><td>t</td><td></td><td></td><td></td><td>e</td></tr>
<tr><td></td><td>l</td><td></td><td>f</td><td></td><td></td><td>s</td><td></td><td></td></tr>
<tr><td>⑪</td><td></td><td>⑳</td><td></td><td></td><td>y</td><td></td><td>d</td><td>⑱</td></tr>
<tr><td></td><td>x</td><td></td><td></td><td></td><td></td><td>i</td><td></td><td></td></tr>
<tr><td></td><td>⑯</td><td>m</td><td></td><td>g</td><td></td><td></td><td></td><td></td></tr>
<tr><td>k</td><td></td><td></td><td>⑫</td><td></td><td></td><td></td><td>⑮</td><td>r</td></tr>
<tr><td></td><td></td><td></td><td>j</td><td></td><td>z</td><td>h</td><td></td><td></td></tr>
<tr><td>⑲</td><td></td><td></td><td></td><td>o</td><td></td><td></td><td></td><td></td></tr>
<tr><td></td><td></td><td>n</td><td></td><td></td><td>⑰</td><td></td><td>q</td><td></td></tr>
<tr><td></td><td></td><td></td><td></td><td></td><td>p</td><td></td><td></td><td></td></tr>
</table>

단락에서 글자 찾기 1

다음 글을 읽으면서 '자'자가 모두 몇 번 사용되었는지 찾아봅시다.

(번)

자동차는 매우 편리하다. 자동차를 타면 먼 거리를 빠르게 이동할 수 있다. 만약에 자동차가 없다면 사람들은 먼 거리를 오랫동안 걸어서 가든지, 말을 타고 가야 할 것이다.

다음 글을 읽으면서 '가'자가 모두 몇 번 사용되었는지 찾아봅시다.

(번)

그러나 자동차가 편리한 점만 있는 것은 아니다. 도로에 비해 자동차가 너무 많아서 길이 많이 막히고 교통사고도 자주 난다. 그리고 자동차가 뿜는 가스 때문에 공기가 오염된다. 그래서 요즘은 공기 오염을 줄일 수 있는 천연가스 버스나 전기자동차가 나오고 있다.

※ 교과서나 책의 다른 내용을 복사해서 사용해도 된다.

단락에서 글자 찾기 2

다음 글을 읽으면서 '이'자가 모두 몇 번 사용되었는지 찾아봅시다.

(　　　　　번)

어머니에게

'이 분은 앞을 못 보는 모든 이에게 지식의 문을 열어 주었습니다.'

루이 브라유 기념비에 새겨진 글귀입니다. 만일 루이 브라유의 부모가 눈먼 아들이 부끄러워, 집 안에만 가두어 길렀다면 어떻게 되었을까요? 그는 그저 앞을 못 보는 장애인에 머물렀겠지요.

아이들에게 꿈을 심어 주세요. 그리고 어려움에 부딪혀도 그 꿈을 잃지 않게, 넘어지더라도 일어나 다시 시작할 수 있게 '용기'를 불어넣어 주세요.

다음 글을 읽으면서 '사'자가 모두 몇 번 사용되었는지 찾아봅시다.

(　　　　　번)

괴물 사 형제가 불을 지를 때마다 해치는 번개같이 나타나 불을 끄고 녀석들을 땅 속으로 쫓아 버렸어. 그래서 괴물 사 형제는 해치를 몹시 미워하였지.

'해치만 없으면 온 세상이 우리 차지일 텐데…….'

괴물 사 형제는 해치에게 앙갚음을 하려고 늘 벼르고 있었어.

어느 깊은 밤에 괴물 사 형제는 몰래 땅 속에서 기어 나왔어. 괴물 사 형제는 해치가 밤에는 해를 수평선 너머 바다 밑에 넣어 둔다는 걸 알고, 해를 훔쳐 오기로 한 거야.

괴물 사 형제는 살금살금 창고 안으로 들어가서 커다란 쇠그물에 해를 넣고는 다시 조심조심 걸어 나왔어.

※ 교과서나 책의 다른 내용을 복사해서 사용해도 된다.

틀린 글자 찾아서 고치기 1

왼편의 문장들을 보면서 오른편의 문장에서 틀린 곳을 찾아서 고쳐 봅시다(빨강이나 파랑 볼펜으로 고쳐 보게 한다).

바른 문장	고쳐야 할 곳이 포함된 문장
사람의 얼굴을 닮은 로봇은 표정을 지을 수 있습니다.	사람의 얼굴을 달믄 로봇은 표정을 짓을 수 있습니다.
로봇은 우리 몸속에서 병을 찾아 치료하기도 합니다.	로봇은 우리몸속에서 병을 찾아 치료하기도 합니다.
문단의 중심 문장과 뒷받침 문장을 파악하며 글을 읽습니다.	문단의 중심 문장과 뒷바침 문장을 파악하며 글을 일습니다.
"얘, 그 많은 동물이 네 물을 마셨으니 네 가슴은 바짝 말랐겠구나."	"예, 그 많은 동물이 네 물을 마셨으니 네 가슴은 바싹 말랐겠구나."
도깨비가 쇠똥과 거름을 밭으로 날라 놓아서 무척 기분이 좋아.	도깨비가 쇠똥과 걸음을 밭으로 날아 놓아서 무척 기분이 좋아.
"밤송이 말고 알밤을 깔아 놓았더라면 큰일날 뻔했는데 말이야!"	"밤송이 말고 알밤을 깔아 놓았더라면 큰일날뻔 했는데 말이야!"
숨어서 이 이야기를 들은 도깨비는 화가 나서 펄펄맸어.	숨어서 이이야기를 들은 도깨비는 화가 나서 쩔쩔맷어.
"아이고, 도대체 내가 뭘 잘못했다고 누가 이렇게 날 괴롭히지?"	"아이고 도대체 내가 뭘 잘못했다고 누가 이렇게 날 괴롭피지?"
이건 틀림없이 심술궂은 도깨비의 짓이로구나.	이건 틀림없이 심술 맞은 도깨비의 짓이로구나.
그 소리는 수북이 쌓인 잎사귀들에 눌려 아무도 들을 수 없었어요.	그 소리는 수북히 싸인 잎사귀들에 눌려 아무도 들을 수 없었어요.

틀린 글자 찾아서 고치기 2

📋 왼편의 문장들을 보면서 오른편의 문장에서 틀린 곳을 찾아서 고쳐 봅시다(빨강이나 파랑 볼펜으로 고쳐 보게 한다).

바른 문장	고쳐야 할 곳이 포함된 문장
그 할아버지는 가난뱅이 구두쇠가 아니고, 재산이 어마어마하게 많은 부자였대!	그 할아버지는 가난쟁이 구두쇠가 아니고, 제산이 어마어마하게 마는 부자였대.
네가 웬일이냐? 우리 집에 세배하러 오는 사람이 없는데.	네가 윈일이냐? 우리 집에 새배하러 오는 사람이 없는데.
우리는 더 이상 우산에 대해서 캐묻지 않았습니다.	우리는 더이상 우산에 대해서 캐물지 않앗습니다.
우산들은 아빠가 구두를 수선하는 자리 옆에 놓고 파는 것입니다.	우산들은 아빠가 구두를 수선하는 자리 여페 놋고 파는 것입니다.
만화에서는 인물의 마음을 그림이나 글자로 나타냅니다.	만화에서는 인물의 마음을 그림이나 글자로 나타냄니다.
나그네가 구하여 주지 않았으면 꼼짝없이 죽었을 텐데.	나그네가 구하여 주지 않았으면 꼼짝업시 죽었을 텐데.
까마귀가 남을 속인 일을 뉘우치고 다시는 그런 일을 하지 않아야 한다.	까마귀가 남을 속인일을 뉘우치고 다시는 그런 일을 하지 안아야 한다.
노란 빛깔의 햇살을 보여 주는 모습은 정말 신기하였어.	노란 빛깔의 헽쌀을 보여 주는 모습은 정말 신기하였어.
짚신 닳는 것이 아까워 짚신을 허리에 차고 맨발로 걸어 다녔습니다.	집신 달는 것이 아까워 짚신을 허리에 차고 맨발로 걸어 다녔습니다.
그러니까 두 번 넘어지면 육년이 되잖아요.	그러니까 두 번 너머지면 육년이 되잔아요.

틀린 글자 찾아서 고치기 3

왼편의 문장들을 보면서 오른편의 문장에서 틀린 곳을 찾아서 고쳐 봅시다(빨강이나 파랑 볼펜으로 고쳐 보게 한다).

바른 문장	고쳐야 할 곳이 포함된 문장
파리 한 마리가 창문 밖의 벽에 달라붙어 있었습니다.	파리 한 마리가 창문 박의 벽에 달라부터 있었습니다.
낮잠을 자던 영감님의 머리 위에서 파리가 미끄럼을 타고 놀아도 알지 못했습니다.	낮잠을 자던 영감님의 머리위에서 파리가 미끄름을 타고 놀아도 알지 못했습니다.
영감님은 벌떡 일어나 파리를 잡으려 했지만, 파리가 어찌나 날쌘지 헛수고만 하였습니다.	영감님은 벌떡 이러나 파리를 잡으려 했지만, 파리가 어찌나 날쎈지 헛수고만 하였습니다.
잠시 후 쨍그랑 소리가 요란하게 났습니다.	잠시후 쨍그랑 소리가 요라나게 났습니다.
영감님이 파리가 앉았던 도자기를 내리치는 바람에 도자기가 그만 산산조각이 나고 말았습니다.	영감님이 파리가 안잤던 도자기를 내리치는 바람에 도자기가 그만 산산조각이 나고 말앗습니다.
파리는 두 개의 발톱을 가지고 있습니다. 어디에 앉거나 몸을 안전하게 버티는 데 쓰입니다.	파리는 두개의 발톱을 가지고 있습니다. 어디에 안거나 몸을 안전하게 버티는 데 쓰입니다.

좌표에 옮겨 쓰기 1

좌표 안의 글자와 여러 가지 모양을 아래 좌표에 옮겨 적어 봅시다(어떻게 옮겨 적을지에 대해 이야기를 나눈 후 시작한다).

	♥							□	
재	미	있	다		■				△
☆					미	안	해		
안	녕	하	세	요				♡	
	○								
				▲				반	
●		좋	아	해			★	가	
고								워	
마		◆							
워								◇	

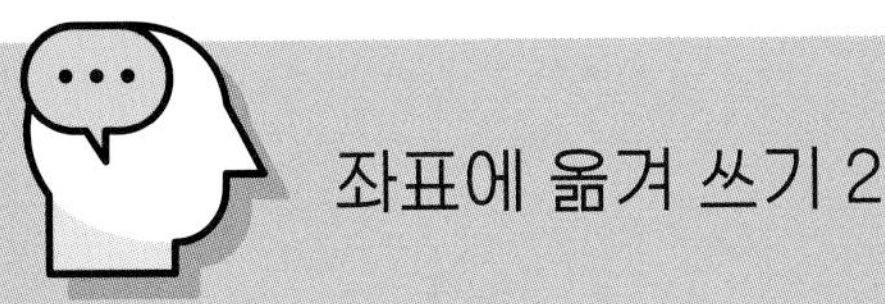

좌표에 옮겨 쓰기 2

좌표 안의 글자와 여러 가지 모양을 아래 좌표에 옮겨 적어 봅시다(어떻게 옮겨 적을지에 대해 이야기를 나눈 후 시작한다).

		♡					◇		
바	다	표	범		■				△
☆						펭	권		♥
	하	이	에	나					
	○				악				●
★				▲	어			다	
			코					람	
사	자		끼					쥐	
		◆	리						
				□					

좌표에 옮겨 쓰기 3

좌표 안의 글자와 여러 가지 모양, 숫자를 아래 좌표에 옮겨 적어 봅시다(어떻게 옮겨 적을지에 대해 이야기를 나눈 후 시작한다).

♡		13	◆					△	
	설	악	산		♥			2	
☆						남	산		
	에	베	레	스	트				
		▲							○
★			8					알	
								프	
한	라	산			백	●		스	
	■				두				7
				□	산			◇	

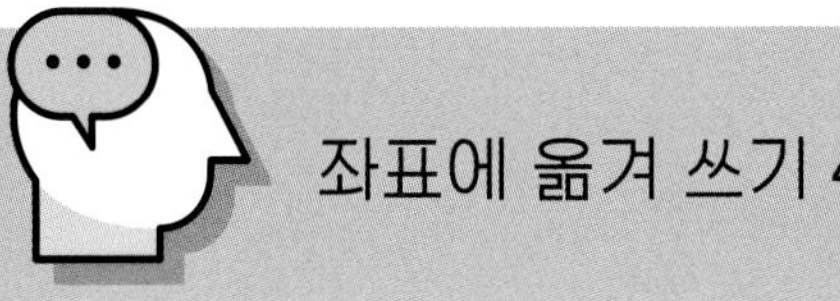

좌표에 옮겨 쓰기 4

좌표 안의 글자와 여러 가지 숫자를 아래 좌표에 옮겨 적어 봅시다(어떻게 옮겨 적을지에 대해 이야기 나눈 후 시작한다).

U			K			칠	레	M	
대	한	민	국		Y			249	
L						영	국		
	오	스	트	리	아				
		B							P
X			382					스	
	183				덴			위	
짐	바	브	웨		마	A		스	
	S				크				687
				R				G	

좌표에 옮겨 쓰기 5

좌표 안의 글자와 여러 가지 숫자를 아래 좌표에 옮겨 적어 봅시다(어떻게 옮겨 적을지에 대해 이야기를 나눈 후 시작한다).

소	나	기	99				☆	감	87
	△	☆						자	
3	표				△	5			
	본		메	밀	꽃	필	무	렵	
	실								
동	의	9			운	수	좋	은	날
백	청						△		24
꽃	개		물	레	방	아			
△	구		☆	56					
	리					토	지	8	☆

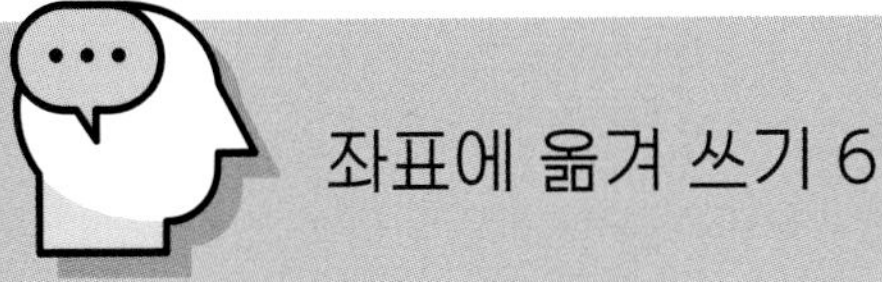

좌표에 옮겨 쓰기 6

좌표 안의 글자와 여러 가지 모양을 아래 좌표에 옮겨 적어 봅시다(어떻게 옮겨 적을지에 대해 이야기를 나눈 후 시작한다).

□				♥				★	
	봅	슬	레	이				컬	
					△			링	♥
아	이	스	하	키					
				□			쇼		
							트		
	♥						트		△
피	겨	스	케	이	팅	□	랙		
□									
	스	노	보	드	△	★	루	지	

지도에 지명 옮겨 쓰기 1

우리나라 지도 살펴보기

지도에서 각 행정구역의 이름을 읽어 보고, 다음 페이지의 백지도에 옮겨 적어 봅시다.

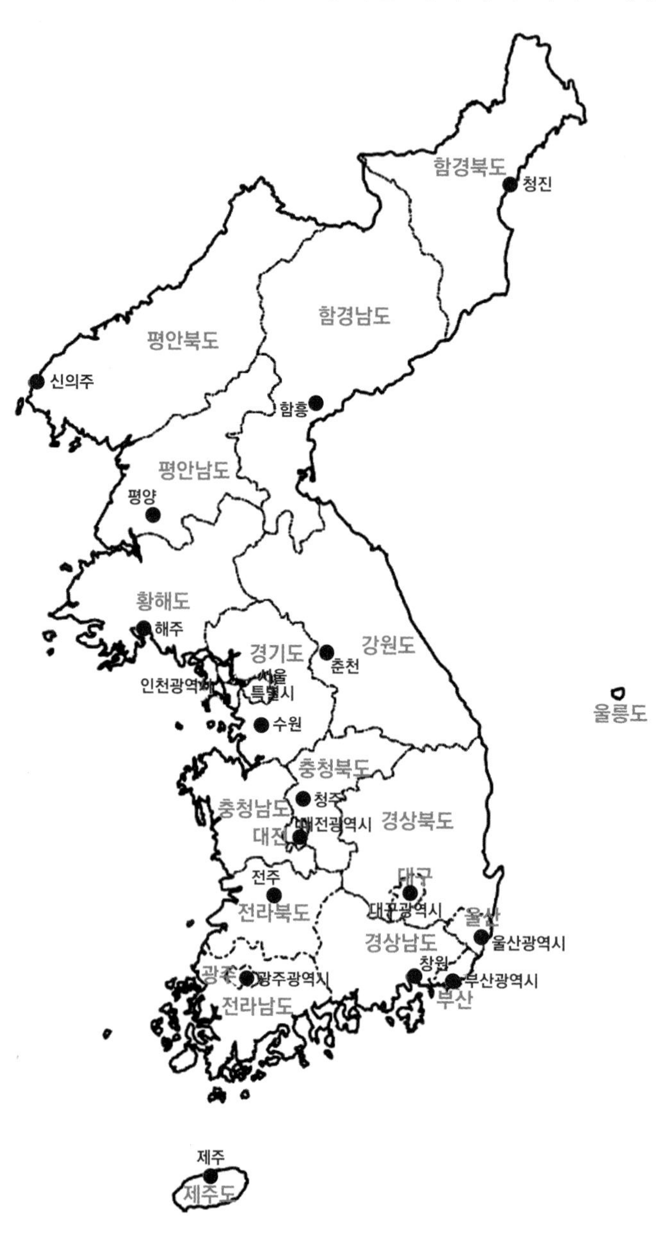

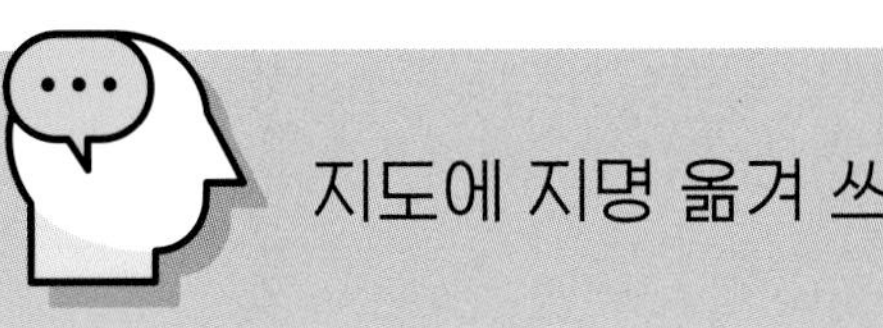

지도에 지명 옮겨 쓰기 1

앞 페이지의 지도를 보고, 백지도에 행정구역을 옮겨 적어 봅시다.

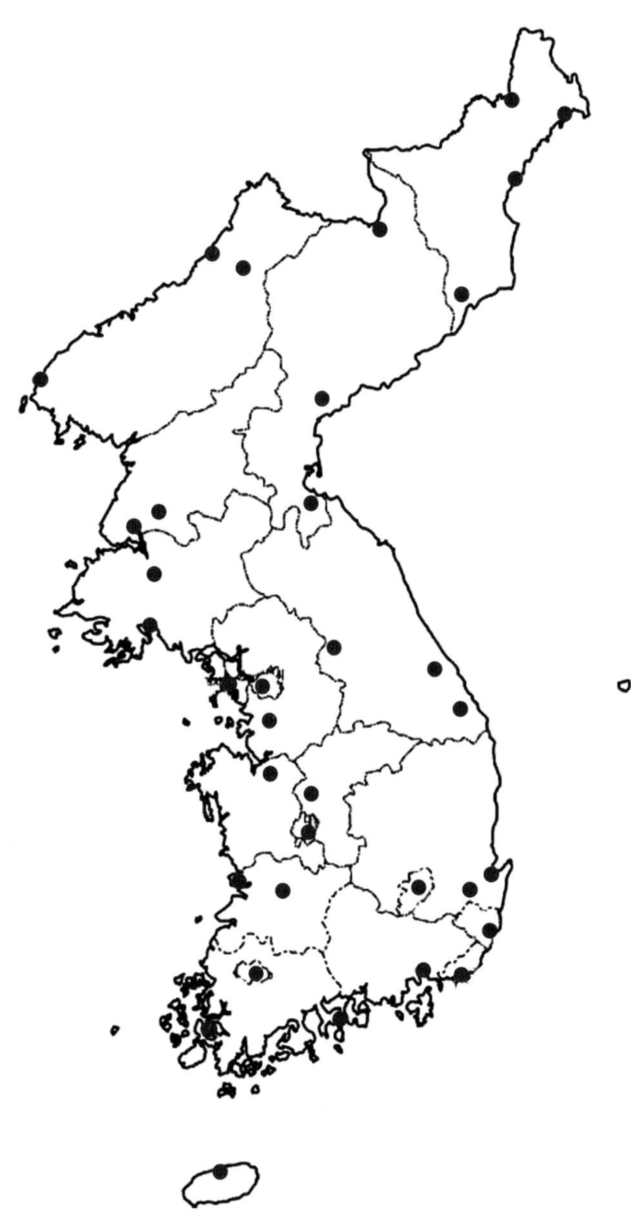

지도에 지명 옮겨 쓰기 2

- 서부 및 북부 유럽
- 남부 유럽
- 동부 유럽
- 러시아와 주변 국가
- 북부 아프리카
- 중 · 남부 아프리카
- 서남 아시아
- 동부 아시아
- 동남 아시아
- 남부 아시아
- 앵글로아메리카
- 라틴아메리카
- 오세아니아

세계 지도 살펴보기

미국
캐나다
미국
하와이 제도
멕시코
벨리즈
쿠바
아이티
도미니카 공화국
과테말라
엘살바도르
온두라스
자메이카
니카라과
코스타리카
파나마
가이아나
베네수엘라
기아나(프)
콜롬비아
수리남
에콰도르
폴리네시아
투발루
페루
브라질
볼리비아
파라과이
피지 제도
칠레
우루과이
아르헨티나
질랜드

지도에 지명 옮겨 쓰기 2

앞의 세계지도에서 각 나라와 수도의 이름을 찾아서 읽어 보고, 백지도에 옮겨 적어 봅시다(확대 복사해서 사용할 수 있다).

글자숲에서 낱말 찾기 1

글자가 가득 적혀 있는 글자숲에서 다음의 낱말들을 찾아서 ○표 해 봅시다(제한시간: 8분).

가을	낙엽	수영	겨울	장갑
잠자리	눈사람	봄	바다	개구리
김장	장마	바람	개나리	여름

배	수	만	석	봄	수	민	강
자	가	을	바	람	영	유	브
장	성	개	불	만	낙	엽	서
마	호	구	무	낙	바	화	여
잠	자	리	접	나	다	종	름
가	눈	만	개	겨	울	장	준
들	사	를	나	최	상	갑	활
어	람	사	리	민	김	장	척

글자숲에서 낱말 찾기 2

글자가 가득 적혀 있는 글자숲에서 다음의 낱말들을 찾아서 ○표 해 봅시다(제한시간: 8분).

맘모스	과학자	식물	호흡	광합성
화석	기후	초식동물	육식동물	생물
연대	지층	공룡	화산	빙하기

책	수	공	의	앙	산	생	양
유	종	룡	육	식	동	물	빙
맘	모	스	책	물	상	말	하
성	황	호	흡	기	자	장	기
영	초	지	군	후	과	학	자
박	식	층	연	대	화	산	광
세	동	종	말	기	석	성	합
승	물	차	주	멍	군	키	성

글자숲에서 낱말 찾기 3

🗒 글자가 가득 적혀 있는 글자숲에서 다음의 낱말들을 찾아서 ○표 해 봅시다(제한시간: 8분).

살림	암기력	꿀밤	응달	고집불통
꽃거지	우람	고양이	은행잎	거북
대추나무	수세미	짝수	폴짝폴짝	홀씨
참가	파도	이사	초가집	꽃잎

거	경	고	♣	♠	홀	♠	카	꽃	경	술	차	퐁	감	타
북	봇	이	쟁	술	심	감	름	거	잎	년	풍	여	밤	깨
로	술	이	약	지	퐁	무	가	지	하	나	송	알	잎	여
봇	이	육	사	낭	나	꽃	잎	송	호	코	가	이	♥	튜
홀	튜	비	이	구	육	살	림	호	툴	도	대	교	교	홀
툴	홀	깨	살	낭	참	가	후	♥	차	깨	추	♣	송	틈
크	씨	도	♣	무	육	감	샘	응	달	튜	나	낭	알	가
우	후	지	샘	이	♣	달	통	초	가	집	무	짝	송	초
람	가	수	세	미	옹	여	불	살	이	꽃	툴	수	♥	코
꽃	암	기	력	후	폴	감	집	괭	참	홀	가	짝	지	이
♠	옹	코	코	이	짝	람	고	밤	이	타	코	홀	단	퐁
파	퐁	이	람	풍	폴	옹	꿀	송	꽃	고	여	암	람	퐁
송	살	새	은	툴	짝	퐁	밤	여	코	양	도	파	도	잎
송	틈	지	행	툴	쟁	툴	코	♣	송	이	휘	쟁	봇	옹
참	감	튜	잎	깨	하	파	로	암	타	카	경	차	♥	가

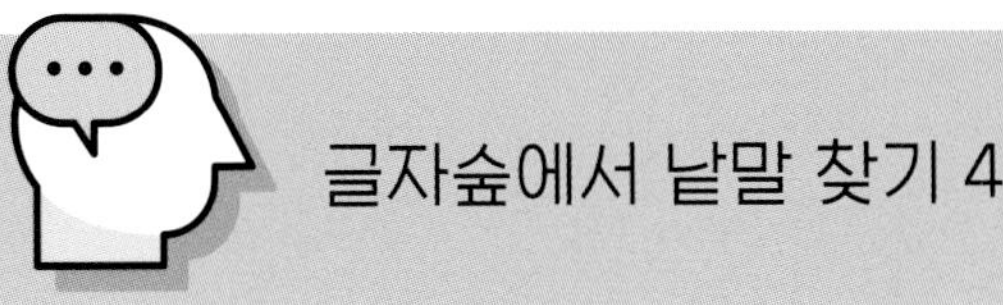

글자숲에서 낱말 찾기 4

글자가 가득 적혀 있는 글자숲에서 다음의 낱말들을 찾아서 ○표 해 봅시다(제한시간: 8분).

살구나무	암송	알밤	옹달샘	심술쟁이
꽃가지	휘파람	괭이	단풍잎	거름
틈새	퐁퐁이	로봇	홀짝홀짝	풍년
낭송	툴툴이	경고	도깨비	밤송이

거	경	고	♣	♠	홀	♠	카	꽃	경	술	차	퐁	감	타
름	봇	이	쟁	술	심	감	름	추	잎	년	풍	여	밤	깨
로	술	이	약	지	퐁	무	가	풍	하	나	송	알	잎	여
봇	이	육	하	낭	나	꽃	단	송	호	코	가	이	♥	튜
홀	튜	비	이	구	육	살	달	호	툴	도	여	교	교	홀
툴	홀	깨	살	낭	참	가	후	♥	차	깨	추	♣	송	틈
크	이	도	♣	무	육	감	샘	타	타	튜	알	낭	알	가
송	후	지	샘	이	♣	달	깨	초	툴	퐁	퐁	짝	송	초
암	가	가	튜	풍	옹	여	튜	살	이	꽃	툴	홀	♥	코
꽃	암	퐁	람	후	로	감	송	괭	참	홀	가	짝	지	이
♠	옹	코	코	이	짝	람	육	밤	이	타	코	홀	단	퐁
파	퐁	이	람	풍	이	옹	봇	송	꽃	지	여	암	람	퐁
송	살	새	이	툴	후	퐁	밤	여	코	약	도	파	도	잎
송	틈	지	툴	툴	쟁	툴	코	♣	송	꽃	휘	쟁	봇	옹
참	감	튜	추	깨	하	파	로	암	타	카	경	차	♥	가

글자숲에서 낱말 찾기 5

글자가 가득 적혀 있는 글자숲에서 다음의 낱말들을 찾아서 ○표 해 봅시다(제한시간 없음).

프랑스	대한민국	스위스	대만	일본
영국	미국	중국	태국	오스트리아
핀란드	티벳	인도	캄보디아	칠레
그리스	이탈리아	러시아	쿠바	독일

장	크	♥	세	령	♦	세	고	♦	릭	코	참	참	여	은	코	약	들	튜	감
약	원	의	드	약	금	학	장	교	신	초	마	개	세	약	참	쿠	혜	은	후
약	우	년	산	타	호	후	♣	차	재	들	♥	하	육	감	개	바	년	삼	여
교	대	만	타	뱃	재	튜	원	만	오	♣	학	오	국	영	선	표	가	귀	차
하	핀	란	드	마	가	파	카	들	지	육	들	금	고	코	산	령	마	욕	령
추	초	후	♣	튜	독	여	오	령	타	♥	♥	감	까	까	차	까	릭	금	신
크	까	욕	고	지	일	산	육	하	♦	우	우	마	프	세	기	선	스	위	스
돈	파	타	타	만	영	개	표	♥	후	교	♥	고	은	만	추	현	랑	하	마
오	스	트	리	아	고	오	교	대	한	민	국	파	불	타	들	태	프	현	마
크	파	마	국	프	령	호	육	교	여	♣	타	파	감	감	미	국	혜	욕	타
차	들	영	국	산	선	들	삼	돈	크	금	감	프	후	참	크	년	심	수	산
타	카	개	초	각	♣	코	뱃	러	시	아	타	초	산	각	타	신	치	♦	감
칠	레	파	호	초	망	수	망	까	들	하	만	릭	귀	코	호	재	치	하	심
선	산	하	산	감	파	중	금	여	♦	♣	신	코	티	기	♣	오	들	욕	욕
오	차	원	참	호	세	국	파	각	그	리	스	♣	벳	산	삼	지	참	오	아
재	돈	릭	원	감	지	약	학	개	추	각	돈	까	우	감	히	수	만	참	디
교	선	타	대	이	신	까	감	타	호	뱃	코	산	심	릭	불	♥	♦	재	보
여	추	도	카	탈	타	후	교	금	세	크	교	파	감	♣	카	후	오	영	캄
혜	교	인	후	리	일	튜	감	금	수	불	파	장	혜	하	선	선	오	투	현
산	추	후	치	아	본	타	영	초	불	심	돈	약	초	감	수	호	가	표	마

글자숲에서 낱말 찾기 6

글자가 가득 적혀 있는 글자숲에서 다음의 낱말들을 찾아서 ○표 해 봅시다(제한시간 없음).

프레드릭	까마귀	산신령	욕심	은혜
기호	표현	우산	수선	오들오들
망신	각오	세뱃돈	장학금	삼년고개
영감	의원	불만	지혜	재치

장	크	♦	세	령	♦	세	고	♣	릭	코	참	참	여	은	코	약	들	튜	감
약	원	의	드	약	금	학	장	교	신	초	마	개	세	약	참	여	혜	은	후
약	우	년	산	타	호	후	♦	차	재	들	♦	하	육	감	개	고	년	삼	여
교	의	만	타	뱃	재	튜	원	만	오	♥	학	오	국	영	선	표	가	귀	차
하	까	추	약	마	가	파	카	들	지	육	들	금	고	코	산	령	마	욕	령
추	초	후	♦	튜	파	여	오	령	타	♣	♣	감	까	까	차	까	릭	금	신
크	까	욕	고	지	크	산	육	하	♦	우	우	마	프	세	기	선	드	참	산
돈	파	타	타	만	영	개	표	♥	후	교	♣	고	은	만	추	현	레	하	마
표	초	금	참	귀	고	오	교	지	교	영	튜	파	불	타	들	후	프	현	마
크	파	마	타	프	령	호	육	교	여	♣	타	파	감	감	코	까	혜	욕	타
차	들	감	장	산	선	들	삼	돈	크	금	감	프	후	참	크	년	심	수	산
타	카	개	초	각	♥	코	뱃	감	튜	영	타	초	산	각	타	신	치	♦	감
재	육	파	호	초	망	수	망	까	들	하	만	릭	귀	코	호	재	치	하	심
선	산	하	산	감	파	신	금	여	♣	♦	신	코	카	기	♦	오	들	욕	욕
오	차	원	참	호	세	혜	파	각	양	망	오	♦	령	산	삼	지	참	오	추
재	돈	릭	원	감	지	약	학	개	추	각	돈	까	우	감	히	수	만	참	까
교	선	타	교	차	신	까	감	타	호	뱃	코	산	심	릭	불	♥	♦	재	호
여	추	코	카	지	타	후	교	금	세	크	교	파	감	♦	카	후	오	영	오
혜	교	귀	후	금	여	튜	감	금	수	불	파	장	혜	하	선	선	오	투	현
산	추	후	치	년	타	타	영	초	불	심	돈	약	초	감	수	호	가	표	마

느린 학습자 인지훈련 프로그램 ❷

답안 및 해설

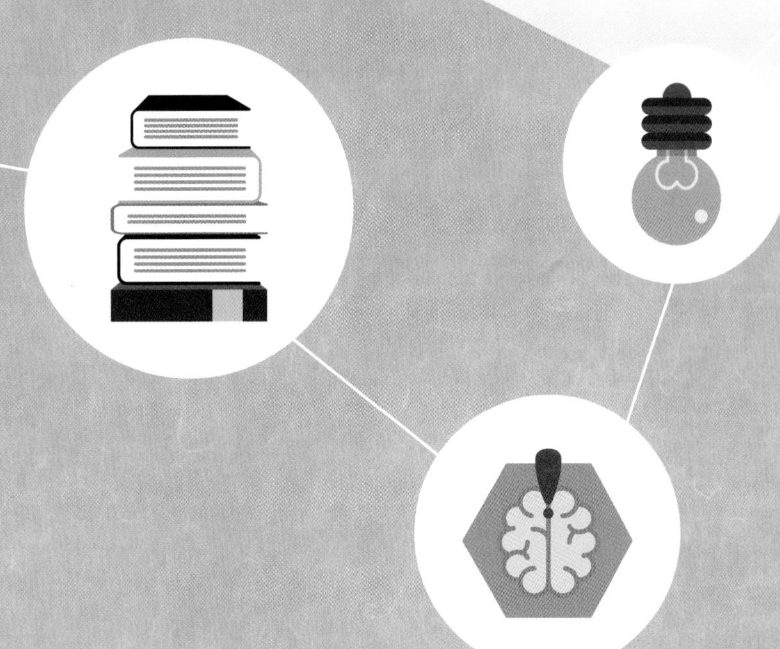

1 청각적 주의력

듣는 내용에 해당하는 부분 표시하기 1 p. 25

다음 들려주는 내용을 듣고, 그림에서 찾아 ○표 하시오. 사물이 어느 위치에 있는지 좌표를 이용해 설명해 봅시다.

※ 사물의 크기 때문에 정확한 좌표를 명명하기가 어려우므로 각 사물의 가운데 부분을 기준으로 좌표를 말할 수 있도록 도와줄 것

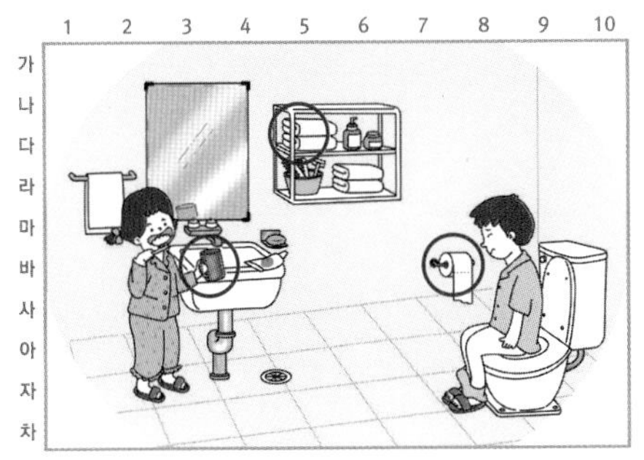

휴지걸이	(8, 바)	치약	(4, 바)
변기	(9, 아)	바닥의 하수도 구멍	(4, 자)
용변을 보는 사람	(9, 바)	양치컵	(3, 바)
개켜진 수건	(5, 나)(6, 라)	수도꼭지	(3, 마)
비누	(4, 마)	걸려 있는 수건	(1, 라)
거울	(3, 나)	세면대	(3, 사)

듣는 내용에 해당하는 부분 표시하기 2 p. 26

다음 들려주는 내용을 듣고, 그림에서 찾아 ○표 하시오. 사물이 어느 위치에 있는지 좌표를 이용해 설명해 봅시다.

주전자	(4, 바)	밥그릇	(3, 사)	뒤집개	(9, 다)
넥타이	(3, 마)	냄비 뚜껑	(5, 아)	김이 나는 냄비	(4, 아)
냉장고 손잡이	(5, 나)	국자	(8, 다)	안경	(3, 라)
빈 물컵	(2, 아)	싱크대 서랍	(8, 라)	물컵	(4, 바)
숟가락과 젓가락	(3, 사)	의자	(2, 바)	엄마의 왼손	(5, 바)

문장 듣고 의문사 질문에 답하기 1 p. 33

교사가 들려주는 1개의 문장을 듣고 의문사(누가, 어디, 무엇, 언제, 왜)를 활용하는 두 가지의 무작위 질문에 적절히 대답해 봅시다.

1	내일은 토요일이라서 학교에 가지 않고 친구들과 함께 놀이공원에 가기로 했습니다. ◆ 내일은 왜 학교에 가지 않나요? 답: 토요일이라서 ◆ 친구들이랑 어디에 가기로 했나요? 답: 놀이공원
2	기다려왔던 축구경기중계를 보려고 미리부터 텔레비전을 켜놓았다. ◆ 무엇을 보려고 하나요? 답: 축구경기중계 ◆ 왜 텔레비전을 켜놓았나요? 답: 축구경기중계를 보려고,
3	민서는 열 번째 생일선물로 한 쌍의 햄스터를 받았습니다. ◆ 민서가 선물을 받은 이유는 무엇인가요? 답: 생일이라서 ◆ 무엇을 생일선물로 받았나요? 답: 햄스터 한 쌍
4	현수는 감기에 걸려서 오후에 소아과에 가서 진료를 받았습니다. ◆ 현수는 왜 병원에 갔나요? 답: 감기에 걸려서 ◆ 현수는 어떤 병원에 갔나요? 답: 소아과
5	급식을 먹고 나서, 우리는 교실바닥에 앉아 공기놀이를 하였습니다. ◆ 우리는 어떤 놀이를 했나요? 답: 공기놀이 ◆ 우리는 어디에서 놀이했나요? 답: 교실바닥

문장 듣고 의문사질문에 답하기 2 p. 34

교사가 들려주는 1개의 문장을 듣고 의문사(누가, 어디, 무엇, 언제, 왜)를 활용하는 두 가지의 무작위 질문에 적절히 대답해 봅시다.

1	회정이는 늦게 일어나서 학교에 지각을 했습니다. ◆ 회정이는 왜 지각을 했나요? 답: 늦게 일어나서 ◆ 회정이가 늦게 일어나서 어떤 일이 생겼나요? 답: 학교에 지각했다.
2	비가 와서 지민이와 언니는 산에 가는 대신에 미용실에 갔습니다. ◆ 지민이와 언니는 어디에 갔나요? 답: 미용실 ◆ 지민이와 언니는 왜 산에 가지 못했나요? 답: 비가 와서
3	영선이와 재윤이가 놀이터에서 노는 동안, 가현이는 아이스크림을 사러갔습니다. ◆ 영선이와 함께 노는 것은 누구인가요? 답: 재윤 ◆ 가현이는 무엇을 사러 갔나요? 답: 아이스크림

4	지민이는 원피스를 사려고 백화점에 가기 위해 버스를 기다리고 있습니다. ◆ 지민이는 어디에 가나요? 답: 백화점 ◆ 지민이는 왜 백화점이 가나요? 답: 원피스를 사려고
5	저녁 때 장을 보러 마트에 갔는데 마트에서 현수를 만났습니다. ◆ 언제 마트에 갔습니까? 답: 저녁 때 ◆ 마트에서 만난 사람은 누구입니까? 답: 현수

문장 듣고 의문사질문에 답하기 3 p. 35

교사가 들려주는 2개의 문장을 듣고 의문사(누가, 어디, 무엇, 언제, 왜)를 활용하는 두 가지의 무작위 질문에 적절히 대답해 봅시다.

1	경태는 놀이터에서 흙장난을 했습니다. 집에 돌아와서 더러워진 옷을 벗어 세탁기에 넣었습니다. ◆ 경태는 어디에 갔나요? 답: 놀이터 ◆ 경태는 왜 옷이 더러워졌나요? 답: 흙장난을 해서
2	회수는 일요일에 점심을 먹은 뒤 도서관에 갔습니다. 도서관에서 맘에 드는 만화책 두 권을 빌려왔습니다. ◆ 회수는 언제 도서관에 갔나요? 답: 일요일에 점심식사 후 ◆ 회수는 도서관에서 무엇을 빌려왔나요? 답: 만화책 두 권
3	여름방학이 시작되어 현수는 매우 기쁩니다. 현수는 방학동안 물놀이도 가고, 할머니 댁에도 갈 것입니다. ◆ 현수는 왜 기쁜가요? 답: 여름방학이 시작되어서 ◆ 현수는 방학동안 어디에 갈 것인가요? 답: 할머니댁/물놀이
4	어제 새 가방을 샀습니다. 민주는 새 가방을 메고 유치원에 갈 것입니다. ◆ 무엇을 샀나요? 답: 새 가방 ◆ 언제 가방을 샀나요? 답: 어제
5	지현이는 아침마다 운동장에서 자전거를 탑니다. 이 자전거는 올해 생일선물로 받은 것 입니다. ◆ 지현이는 언제 자전거를 타나요? 답: 아침마다 ◆ 자전거는 왜 받았나요? 답: 생일선물로

문장 듣고 의문사질문에 답하기 4 p. 36

교사가 들려주는 2개의 문장을 듣고 의문사(누가, 어디, 무엇, 언제, 왜)를 활용하는 두 가지의 무작위 질문에 적절히 대답해 봅시다.

1	진주가 텔레비전을 보고 있는 동안, 동생은 잠이 들었습니다. 진주는 동생이 깰까봐 텔레비전을 껐습니다. ◆ 누가 텔레비전을 보았나요? 답: 진주 ◆ 동생은 무엇을 하나요? 답: 잠을 잔다
2	동수는 유치원에서 동물원으로 소풍을 갔습니다. 동수가 넘어져서 울자 선생님께서 연고를 발라 주셨습니다. ◆ 유치원에서 어디로 소풍을 가나요? 답: 동물원 ◆ 동수는 왜 울었나요? 답: 넘어져서
3	근우는 학교에서 공부를 하다가 연필이 부러져서 현진이에게 빌렸습니다. 연필은 내일 아침까지 돌려주기로 약속했습니다. ◆ 근우는 현진이에게 무엇을 빌렸나요? 답: 연필 ◆ 근우는 언제 연필을 돌려주기로 약속했나요? 답: 내일 아침
4	미술시간에 회수네 반 아이들은 학교 뒤에 있는 산에 갔습니다. 아이들은 풀밭에 앉아서 그림을 그렸고, 선생님은 서서 그림을 그렸습니다. ◆ 회수네 반은 언제 산에 갔나요? 답: 미술시간 ◆ 산은 어디에 있나요? 답: 학교 뒤

5	민수는 편식이 심하지만 특히 생선을 싫어합니다. 왜냐하면 가시가 많아서 먹기에 불편하기 때문입니다. ◆ 누가 생선을 싫어하나요? 답: 민수 ◆ 민수는 왜 생선을 싫어하나요? 답: 가시가 많아서 먹기에 불편하니까

듣는 내용과 다른 부분 표시하기 1 p. 40

들려주는 문장을 잘 들으면서 적힌 문장과 다른 부분에 ○표 해 봅시다.

❶	팽, 팽, 팽 돌고 싶은 팽이가 얼음판 위에서 신나게 돌고 있었습니다.
❷	가랑비에 옷 젖듯이 천천히 스며들어서 닮아가는 것입니다.
❸	지금은 절대로 늦거나 뒤처진 게 아니에요.
❹	시간이 지나면 이것들은 또 변화해서 사라질 예정입니다.
❺	어떤 일을 처음 시작할 때 보면 많은 열정을 가지고 일에 뛰어 들곤 합니다.
❻	무엇이든지 남에게 대접을 하고자 하는 대로 너희도 나를 대접하라.
❼	곡식을 얻으려면 씨를 갈고 밭을 뿌려야 한다.
❽	지혜를 얻기 위해서는 배우고 질문해야 하는 것이다.
❾	악어는 물속에서 슬그머니 미끄러졌고 바스락대는 나무들 사이를 슬슬 미끄러져 기어가는 옥수수 도마뱀.
❿	사마귀는 날개를 활짝 펼치고 날았어요. 날 수는 있었지만, 멀리 못 날아가는 경주빼꾸기.

듣는 내용과 다른 부분 표시하기 2 p. 42

들려주는 문장을 잘 들으면서 적힌 문장과 다른 부분에 ○표 해 봅시다.

❶	어느 날, 개구리가 들쥐에게 수영을 하자고 했습니다.
❷	개구리는 끈 하나를 가져와서 들쥐의 다리에 자기 다리를 묶었습니다.
❸	개구리는 싫다는 들쥐를 속여서 연못으로 데리고 갔습니다.
❹	개구리의 다리에 묶인 채로 연못 속에 들어간 들쥐는 숨이 콱 막혔습니다.
❺	들쥐가 괴로워서 몸부림을 쳤습니다.
❻	들쥐가 몸부림을 치는 바람에 들쥐의 다리에 묶였던 줄이 풀렸습니다.
❼	가까스로 연못 밖으로 도망쳐 나온 들쥐는 개구리가 원망스러웠습니다.

❽	연못 속에서 헤엄쳐 다니던 개구리는 다리에 묶인 줄이 물풀에 엉켜서 꼼짝도 할 수 없었습니다.
❾	개구리는 엉킨 줄을 풀려고 했지만 풀 수 없었고, 지나가던 뱀이 개구리를 한 입에 잡아먹었습니다.
❿	개구리는 들쥐를 꾀어 괴롭히다가 뱀에게 잡아먹히고 말았답니다.

듣는 내용과 다른 부분 표시하기 3 p. 44

들려주는 문장을 잘 들으면서 적힌 문장과 다른 부분에 ○표 해 봅시다.

❶	옛날 어떤 마을에, 사이 좋은 형제가 살았습니다.
❷	가을이 되자, 형제는 여름내 땀 흘려 농사지은 벼를 거두었습니다.
❸	사이 좋은 형제는 볏단을 똑같이 나누었습니다.
❹	집에 돌아온 형은 아우가 장가를 가야 하니 곡식이 더 많이 필요할 거라고 생각했습니다.
❺	형은 밤에 들판에 쌓아둔 자기의 볏단을 몇 번이나 지고 가서, 아우의 볏단 위에 쌓았습니다.
❻	그런데 다음날 아침, 들판에 나가보니 자기의 볏단이 전혀 줄어들지 않았습니다.
❼	그날 밤, 형은 다시 자기 볏단을 아우의 볏단 위에 가져다 놓았습니다.
❽	그 다음 날 아침에도 형의 볏단은 조금도 줄어들지 않았습니다.
❾	그날 밤에 볏단을 지고 가던 형은 반대편에서 볏단을 지고 오는 아우와 마주쳤습니다.
❿	식구가 많은 형이 걱정되어서 아우가 자기의 볏단을 져다가 형의 볏단에 옮겨 놓고 있었다는 걸 알게 된 두 사람은 크게 웃었습니다.

듣는 내용과 다른 부분 표시하기 4 p. 46

들려주는 문장을 잘 들으면서 적힌 문장과 다른 부분에 ○표 해 봅시다.

❶	나무 한 그루와 한 소년이 있었다. 나무는 소년을 사랑했고, 소년은 날마다 나무를 찾아가 함께 놀곤 했다.
❷	소년은 나무에서 떨어지는 나뭇잎을 잡거나 나뭇잎으로 왕관을 만들어 놀았으며 사과를 따 먹고, 술래잡기도 했다.
❸	소년은 점점 커서 친구와 연인이 생겼고 나무와 함께하는 시간이 점점 줄었다.
❹	어른이 된 소년은 나무를 찾아가서 돈이 필요하다고 했고 나무는 흔쾌히 사과를 따 가라고 했다.
❺	소년은 오랜 세월이 지나 나무를 찾아가서는 집을 만들고 싶다며 나무의 가지를 잘라갔다.
❻	이제 어른이 된 소년은 먼 곳으로 떠나고 싶다면서 나무를 잘라 배를 만들었다.
❼	나무는 소년에게 아낌없이 줄 수 있어서 행복했다.
❽	마침내 소년은 할아버지가 되고 나서야 나무를 찾아갔고 나무는 소년에게 이제는 줄 게 없어서 미안했다.
❾	할아버지가 된 소년은 그저 나무 그루터기에 앉아 편히 쉬었다.
❿	밑동만 남았지만 아낌없이 주는 나무는 소년에게 앉을 곳을 마련해 줄 수 있어 행복했다.

듣는 내용과 다른 부분 표시하기 5 p. 48

들려주는 내용을 잘 들으면서 적힌 내용과 다른 부분에 ○표 해 봅시다.

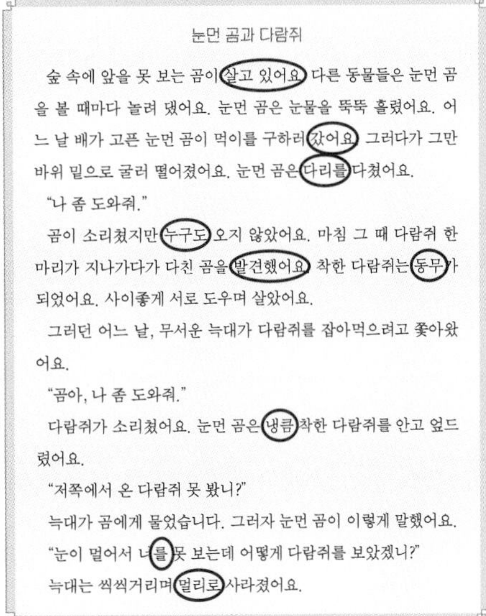

눈먼 곰과 다람쥐

숲 속에 앞을 못 보는 곰이 살고 있어요. 다른 동물들은 눈먼 곰을 볼 때마다 놀려 댔어요. 눈먼 곰은 눈물을 뚝뚝 흘렸어요. 어느 날 배가 고픈 눈먼 곰이 먹이를 구하러 갔어요. 그러다가 그만 바위 밑으로 굴러 떨어졌어요. 눈먼 곰은 다리를 다쳤어요.

"나 좀 도와줘."

곰이 소리쳤지만 누구도 오지 않았어요. 마침 그 때 다람쥐 한 마리가 지나가다가 다친 곰을 발견했어요. 착한 다람쥐는 동무가 되었어요. 사이좋게 서로 도우며 살았어요.

그러던 어느 날, 무서운 늑대가 다람쥐를 잡아먹으려고 쫓아왔어요.

"곰아, 나 좀 도와줘."

다람쥐가 소리쳤어요. 눈먼 곰은 냉큼 착한 다람쥐를 안고 엎드렸어요.

"저쪽에서 온 다람쥐 못 봤니?"

늑대가 곰에게 물었습니다. 그러자 눈먼 곰이 이렇게 말했어요.

"눈이 멀어서 너를 못 보는데 어떻게 다람쥐를 보았겠니?"

늑대는 씩씩거리며 멀리로 사라졌어요.

듣는 내용과 다른 부분 표시하기 6 p. 50

들려주는 내용을 잘 들으면서 적힌 내용과 다른 부분에 ○표 해 봅시다.

집의 종류

사람들은 자기가 살고 있는 곳의 기후에 맞게 집을 짓고 삽니다. 더위가 심하고 습도가 높은 열대 지방에서는 마루를 높이 하여 집을 짓기도 하고, 나무 위나 물 위에 집을 짓기도 합니다. 그래야만 더위를 식히고 맹수나 뱀, 벌레들로부터 안전하게 지낼 수 있기 때문입니다. 햇빛이 쨍쨍 내리쬐는 건조한 지방 사람들은 흙으로 집을 짓습니다. 흙집은 뜨거운 햇볕을 막아 주고, 습기가 달아나지 않게 보호해 줍니다. 추위가 심한 지역에서는 문이나 창을 이중 삼중으로 하여 눈과 비, 차가운 바람을 막는답니다.

2 시각적 주의력

같은 그림 찾기 1 p. 51

다음에서 같은 그림을 찾아 동일하게 표시하고, 각각이 모두 몇 개인지 적어 봅시다.

5 개	6 개	5 개	3 개	6 개	5 개

같은 그림 찾기 2 p. 52

다음에서 같은 그림을 찾아 똑같이 표시하고, 각각이 모두 몇 개인지 적어 봅시다.

12 개	7 개	6 개	5 개	7 개	9 개

같은 그림 찾기 3 p. 53

같은 그림을 찾아 각각 다르게 표시하고, 각각이 모두 몇 개인지 적어 봅시다.

6 개	8 개	8 개	6 개	8 개	9 개

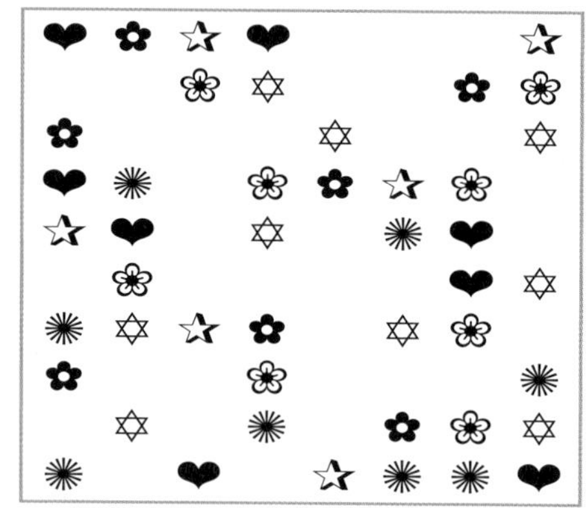

같은 그림 찾기 4 p. 54

다음에서 같은 그림을 찾아 각각 다르게 표시하고, 각각이 모두 몇 개인지 적어 봅시다.

15 개	15 개	12 개	18 개	3 개	17 개

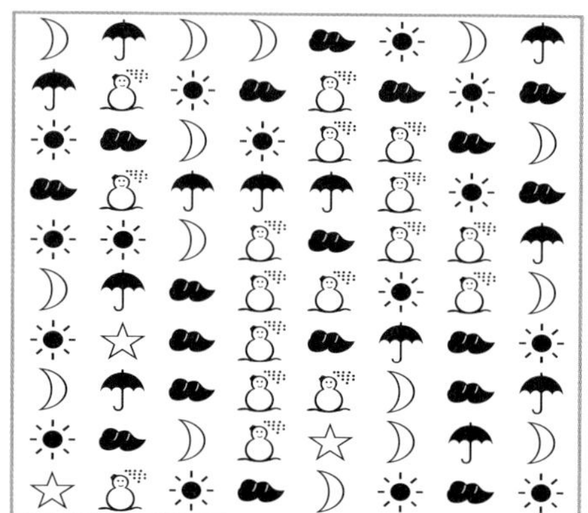

같은 글자 찾기 1 p. 55

다음에서 같은 글자를 찾아 각각 다르게 표시하고, 각각이 모두 몇 개인지 적어 봅시다.

ㅈ	ㅊ	ㅋ	ㅌ	ㅍ	ㅎ
10 개	8 개	10 개	8 개	7 개	7 개

ㅋ	ㅈ	ㅌ		ㅎ	ㅍ	ㅈ	ㅊ
ㅍ	ㅊ	ㅌ	ㅈ			ㅌ	ㅋ
	ㅎ	ㅋ	ㅋ			ㅈ	
ㅈ	ㅈ	ㅍ				ㅎ	ㅋ
ㅊ	ㅌ		ㅎ		ㅈ		ㅈ
		ㅈ	ㅍ		ㅊ		ㅊ
ㅈ	ㅎ	ㅋ					ㅌ
	ㅊ	ㅋ			ㅌ	ㅊ	ㅍ
ㅋ		ㅍ			ㅋ	ㅎ	
ㅌ	ㅎ		ㅋ	ㅍ		ㅊ	ㅌ

같은 글자 찾기 2 p. 56

다음에서 같은 글자를 찾아 각각 다르게 표시하고, 각각이 모두 몇 개인지 적어 봅시다.

아	어	오	우	으	이
13 개	12 개	12 개	10 개	5 개	5 개

아	아	우		오	어	어	아
으	어	오	이		아	오	우
아	오	아		이	우	이	어
	우	오	으				아
우		이	아		우	아	
어	어	어			오	오	어
으	오	우			우	으	어
	오		어		이		오
오	어	아			우	아	
어	으	우		아	오		아

같은 글자 찾기 3 p. 57

다음에서 같은 글자를 찾아 각각 다르게 표시하고, 각각이 모두 몇 개인지 적어 봅시다.

X	Y	M	N	S	E
13 개	14 개	6 개	10 개	10 개	7 개

Y	Y	X		X	Y	Y	Y
X	N	E	Y	S	E	N	N
X	N			S		Y	N
Y	X	X		S	Y		X
M	M	M				N	X
Y	Y	E			E	S	Y
Y	N	E	S	X		S	X
N		X	S		M	M	M
E	S	E		X	N		
X				S	S	N	Y

같은 글자 찾기 4 p. 58

다음 그림에서 'b'를 찾아 동그라미 하시오. 'b'가 모두 몇 개인지 적어 봅시다. ('b'의 개수: 9 개)

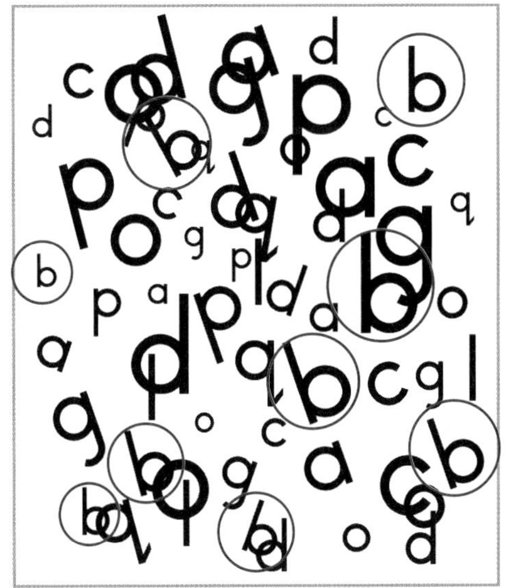

다른 숫자 찾기 1 p.59

다음에서 '6'을 찾아 ○표를 하고, '6'은 모두 몇 개인지 적어 봅시다. ('6'의 개수: 21개)

※ 산발적으로 찾기보다는 왼쪽에서 오른쪽으로 훑어보면서 빠짐없이 찾아갈 수 있는 전략을 익힐 수 있도록 지도한다. 또한 각 줄이나 칸별로 동그라미 쳐져 있는 개수를 적어서 개수들을 모두 합해 답을 적는 방법도 알려 줄 수 있다.

9	9	9	(6)	9	9	9	9	(6)	9
9	9	(6)	9	9	(6)	(6)	9	9	9
9	9	9	9	9	(6)	9	9	9	9
9	(6)	9	9	9	9	9	(6)	9	9
(6)	9	9	(6)	9	9	9	(6)	9	9
9	(6)	9	9	9	(6)	9	9	9	(6)
(6)	9	9	9	9	9	9	9	9	9
9	9	9	9	9	9	9	9	9	(6)
(6)	9	9	9	(6)	9	9	(6)	9	9
9	(6)	9	9	9	9	9	9	(6)	9
3	3	1	2	1	3	1	3	2	2

다른 숫자 찾기 2 p.60

다음에서 '2'를 찾아 ○표를 하고, '2'가 모두 몇 개인지 적어 봅시다. ('2'의 개수: 25개)

※ 산발적으로 찾기보다는 왼쪽에서 오른쪽으로 훑어보면서 빠짐없이 찾아갈 수 있는 전략을 익힐 수 있도록 지도한다. 또한 각 줄이나 칸별로 동그라미 쳐져 있는 개수를 적어서 개수들을 모두 합해 답을 적는 방법도 알려 줄 수 있다.

5	5	5	5	5	5	5	5	5	5	(2)	5
5	5	5	5	5	5	5	5	5	5	5	5
5	5	5	5	5	5	5	5	(2)	(2)	5	5
5	(2)	5	5	5	5	5	5	5	(2)	5	5
5	5	5	(2)	5	5	5	5	5	5	5	5
5	(2)	5	5	5	5	5	5	5	5	5	5
5	5	5	(2)	5	5	5	(2)	5	(2)	5	5
5	(2)	5	5	(2)	5	5	5	5	5	5	5
5	5	(2)	5	5	5	5	5	(2)	5	5	5
5	5	5	5	5	5	5	5	5	5	(2)	5
(2)	5	5	5	5	5	5	5	5	5	(2)	5
5	5	(2)	5	5	5	5	5	5	5	5	5
(2)	5	5	5	(2)	5	5	5	5	5	5	5
5	5	5	5	5	5	5	5	(2)	5	5	5
5	(2)	5	5	5	5	5	5	5	5	5	5
5	5	(2)	5	5	5	5	5	(2)	5	5	5
5	5	5	5	5	5	5	5	5	5	(2)	5

다른 숫자 찾기 3 p.61

다음에서 '9'를 찾아 ○표를 하고, '9'가 모두 몇 개인지 적어 봅시다. ('9'의 개수: 30개)

8	8	(9)	8	8	8	8	(9)	8	(9)	8	8
8	8	8	8	8	8	8	8	8	8	8	(9)
8	8	8	8	8	(9)	8	8	8	8	8	8
8	(9)	8	8	8	8	8	(9)	8	8	8	8
8	8	8	8	8	8	8	8	8	(9)	(9)	8
8	8	(9)	8	8	8	8	8	8	8	8	8
(9)	8	8	(9)	8	8	8	8	8	8	8	8
8	8	(9)	8	8	8	8	(9)	8	8	8	8
(9)	8	8	8	8	8	8	(9)	8	8	8	8
8	8	8	8	8	8	8	(9)	8	8	8	8
8	8	8	8	8	8	(9)	8	8	8	8	8
8	(9)	8	8	8	(9)	8	8	(9)	8	8	8
8	8	(9)	8	8	8	8	8	8	8	8	8
(9)	8	8	8	8	8	8	8	8	(9)	8	8
8	8	8	8	8	8	8	(9)	8	(9)	8	8
8	(9)	8	8	(9)	8	8	8	8	8	8	8
8	8	8	8	8	8	8	8	8	8	(9)	(9)

다른 숫자 찾기 4 p.62

다음에서 '0'과 '9'를 찾아 '0'에는 √표시, '9'에는 ○표를 하고,. '0'과 '9'가 각각 몇 개씩인지 적어 봅시다. ('0'의 개수: 15개, '9'의 개수: 20개)

8	√0	(9)	8	8	8	8	(9)	8	8	8	8
8	8	8	8	√0	8	8	8	8	8	8	8
8	8	8	√0	8	(9)	8	8	8	8	8	8
8	(9)	8	8	8	8	8	(9)	8	8	8	8
8	8	√0	8	8	8	8	8	8	8	(9)	8
8	8	8	8	8	8	8	√0	8	8	√0	8
(9)	8	8	8	8	√0	8	8	8	8	8	8
8	8	(9)	8	8	8	8	(9)	8	8	√0	8
(9)	8	8	8	√0	8	8	8	8	8	8	8
√0	8	8	8	8	8	8	(9)	8	8	8	8
8	8	√0	8	8	8	8	8	8	8	8	8
8	8	8	8	8	(9)	8	8	(9)	8	8	8
8	8	(9)	8	8	8	8	√0	8	8	8	8
(9)	8	8	√0	8	8	8	8	8	8	8	8
8	8	√0	8	8	8	8	8	8	(9)	8	8
8	(9)	8	8	(9)	8	8	8	8	√0	8	8
8	8	8	8	8	8	8	8	8	8	(9)	(9)

기호 찾기 1 p. 63

다음에서 ☀를 찾아 ○표를 하고, '☀'가 모두 몇 개인지 적어 봅시다. (제한시간: 3분) (☀의 개수: 42개)

※ 표의 칸 맨 아래쪽에 동그라미가 쳐진 기호의 개수를 적어서 모두 더하는 방법을 알려 줘도 좋다.

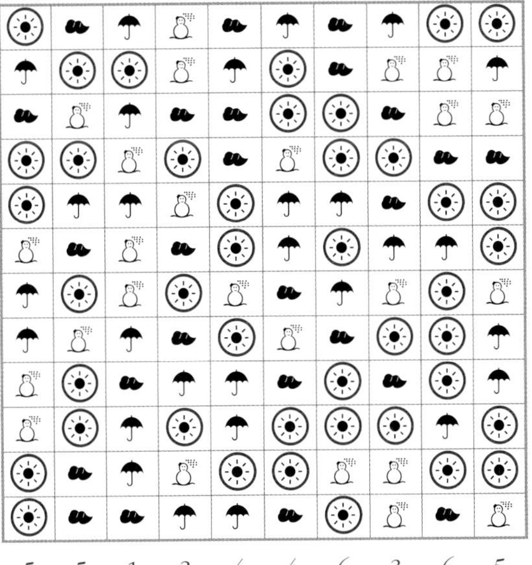

5 5 1 3 4 4 6 3 6 5

기호 찾기 2 p. 64

다음에서 '☹'를 찾아 ○표를 하고, '☹'가 모두 몇 개인지 적어 봅시다. (제한시간: 3분) (☹의 개수: 21개)

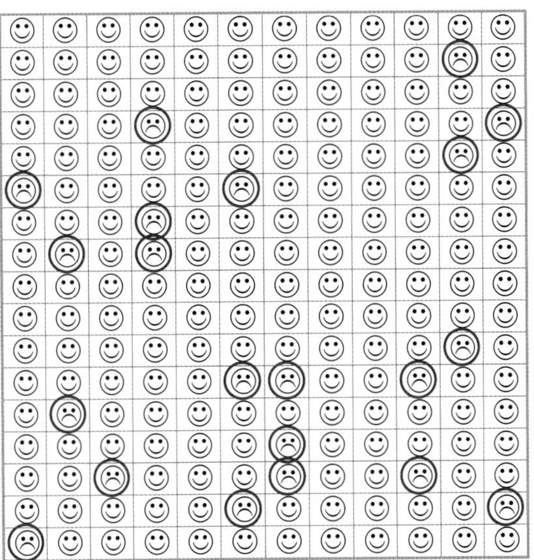

기호 찾기 3 p. 65

다음에서 ♥를 찾아 ○표를 하고, ♥가 모두 몇 개인지 적어 봅시다. (제한시간: 3분)

(♥의 개수: 30개)

♧	♣	♧	♠	(♥)	♢	♣	(♥)	♤	(♥)
♧	♢	♧	♣	(♥)	(♥)	♤	♣	♣	♣
♢	♢	♤	♢	♡	(♥)	♢	♢	♢	♢
♠	♠	♧	♠	(♥)	♡	♡	(♥)	♡	(♥)
♧	♤	♤	♤	♡	(♥)	♤	♤	♤	♤
♣	♣	♤	♣	(♥)	♢	(♥)	(♥)	♢	(♥)
♣	♢	♤	♦	(♥)	(♥)	♦	(♥)	♡	(♥)
♦	♦	♤	♦	(♥)	(♥)	♡	♦	♡	(♥)
♣	♡	♦	♦	♢	(♥)	♦	(♥)	♡	(♥)
♢	♦	♤	♦	(♥)	♡	♦	♦	♦	♦
♣	♦	♤	♡	(♥)	(♥)	♡	(♥)	♦	♡
♣	♦	♦	♦	♦	♦	♦	♡	(♥)	(♥)

기호 찾기 4 p. 66

다음에서 ♣를 찾아 ○표를 하고, ♣가 모두 몇 개인지 적어 봅시다. (제한시간: 3분)

(♣의 개수: 17개)

♤	♧	♤	(♣)	♧	♠	♥	♥	(♣)	♥	(♣)	♥
♠	♧	♤	(♣)	♧	(♣)	♥	♥	(♣)	(♣)	(♣)	(♣)
♠	♧	♤	♤	♤	♤	♥	♥	♥	♥	♥	♥
♠	♢	♢	♢	♧	♢	♥	♥	♢	♢	♢	♢
♠	♠	♤	♠	♧	♠	♥	♥	♥	♥	♥	♥
♠	♧	♤	♤	♤	♤	♥	♥	♤	♤	♤	♤
♠	(♣)	♤	(♣)	♤	(♣)	♥	♥	♥	♥	♥	♥
♠	♦	♦	♦	♦	♦	♥	♥	♦	♦	♡	♥
♠	(♣)	♤	♦	♤	♦	♥	♥	♦	♥	♡	♥
♠	♦	♤	♦	♤	♦	♥	♥	♦	♦	♡	♥
♠	(♣)	♤	♦	♦	♦	♥	♥	♦	♥	♡	♥
♠	♦	♤	♦	♤	♦	♥	♥	♦	♦	♦	♦
♠	(♣)	♤	♦	♤	♤	♤	♤	♤	♥	♦	♡
♠	♦	♤	♦	♦	♦	♦	♡	♡	♦	♦	♡
♠	(♣)	♤	♦	♤	♥	♥	♥	♥	♥	♦	♡
♠	♦	♤	♦	♤	♤	♤	♤	♤	♤	♤	♤
♠	(♣)	♤	♦	♦	♦	♦	♦	♦	♥	♥	♥

같은 모양 찾기 1 p. 67

다음의 화살표들 중에서 같은 방향을 가리키는 화살표의 수는 각각 몇 개인지 적어 봅시다(어떤 방법으로 찾을 계획인지 먼저 이야기한 후 찾아본다).

→	←	↑	↓
17 개	15 개	12 개	20 개

←	↓	→	↑	↓	→	←	↓
↓	↑	←	→	←	↑	↓	→
↓	→	↑	↓	→	←	↓	↑
←	↓	→	←	→	↓	↑	↓
→	↓	→	↑	←	→	↓	←
←	↑	→	←	↓	↓	↑	→
↓	←	→	↑	↓	←	→	←
↑	↓	↓	→	←	↑	↓	→

같은 모양 찾기 2 p. 68

A~E의 모양과 동일한 모양의 숫자 번호를 아래 칸에서 찾아 적어 봅시다.

※ 유사하지만 동일하지 않은 이유를 설명할 수 있게 지도하면 더 효과적이다.

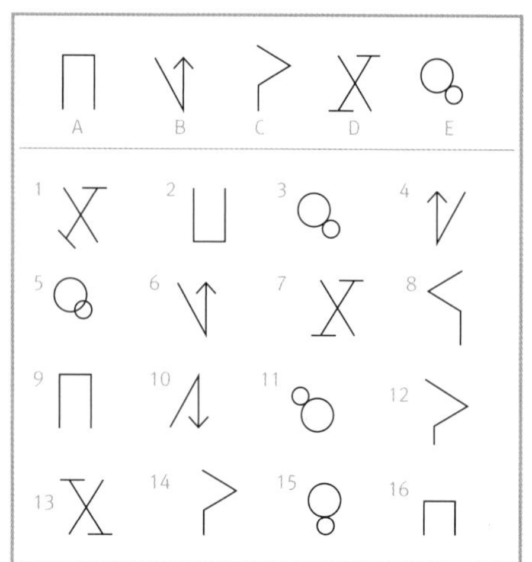

A – (9) B–(6) C–(14) D–(7) E–(3)

같은 모양 찾기 3 p. 69

A~E의 모양과 동일한 모양의 숫자 번호를 아래 칸에서 찾아 적어 봅시다.

※ 유사하지만 동일하지 않은 이유를 설명할 수 있게 지도하면 더 효과적이다.

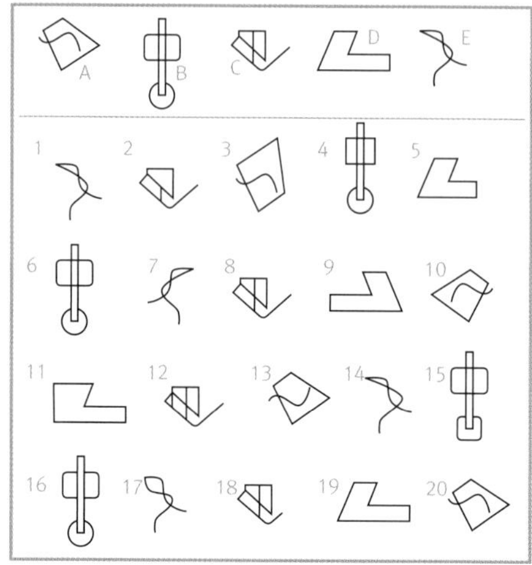

A–(20) B–(6) C–(8) D–(19) E–(1)

같은 모양 찾기 4 p. 70

A~E의 모양과 동일한 모양의 숫자 번호를 아래 칸에서 찾아 적어 봅시다.

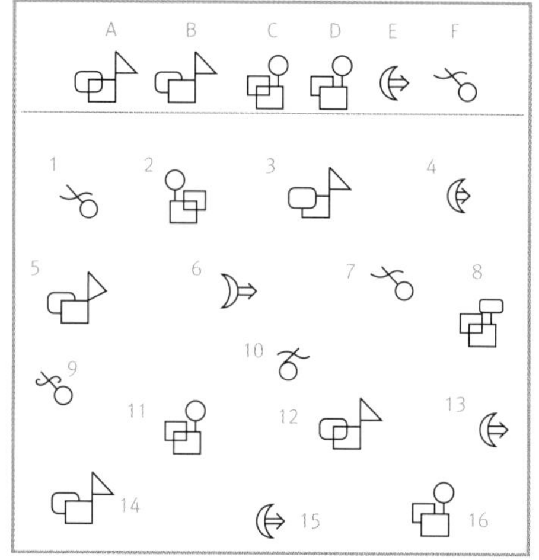

A–(12) B–(14) C–(11) D–(16) E–(13) F–(7)

같은 모양 찾기 5 p.71

다음의 두 모형이 순서대로 놓인 부분에 ○표를 해 봅시다(어떤 방법으로 찾을 계획인지 먼저 이야기한 후 찾아본다).

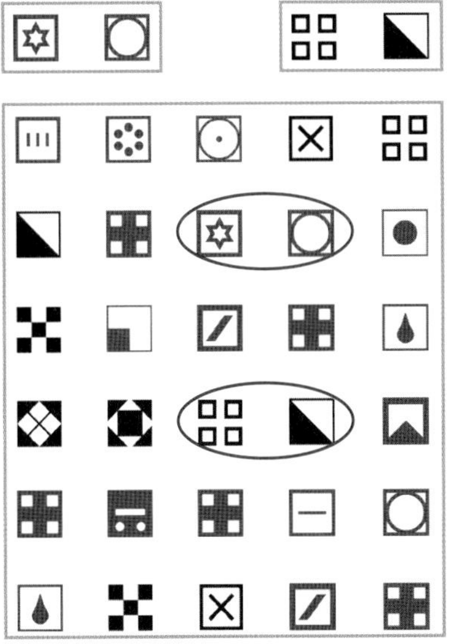

같은 모양 찾기 6 p.72

다음의 두 모형이 순서대로 놓인 부분에 ○표를 해 봅시다(어떤 방법으로 찾을 계획인지 먼저 이야기한 후 찾아본다).

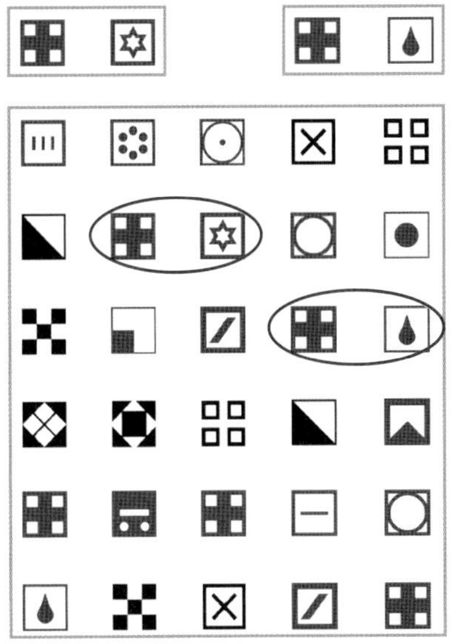

숫자 찾아 잇기 1 p.73

숫자가 뒤죽박죽 섞여 있습니다. 1~10까지의 숫자를 차례로 찾아서 선으로 이어 봅시다(10까지 찾아내는 데 얼마나 걸리는지 시간을 재서 기록해 본다).

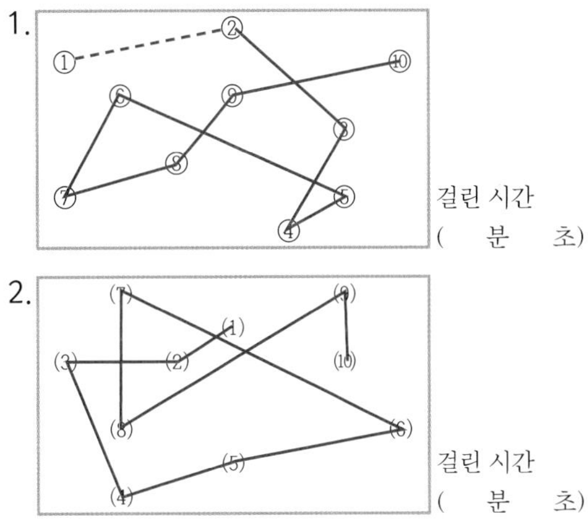

글자 찾아 잇기 2 p.78

글자가 뒤죽박죽 섞여 있습니다. '가~하' 'A~Z'까지의 글자를 차례로 찾아서 선으로 이어 봅시다('하'까지 찾아내는 데 얼마나 걸리는지 시간을 재서 기록해 본다).

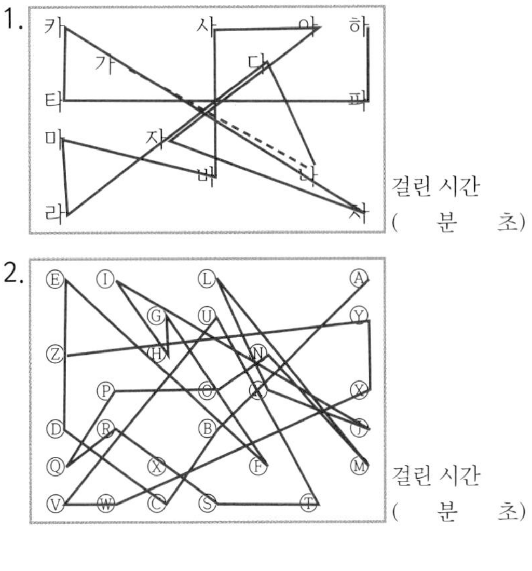

숫자와 글자 찾아 잇기 2 p.82

글자가 뒤죽박죽 섞여 있습니다. '가~하' 'A~Z'까지의 글자를 차례로 찾아서 선으로 이어 봅시다(글자와 숫자를 찾을 때 각기 다른 색깔의 펜을 사용하는 게 더 편하다).

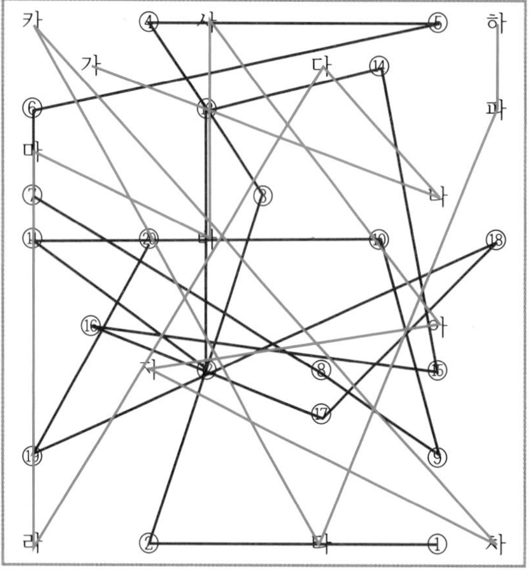

단락에서 글자 찾기 1 p.85

- 다음 글을 읽으면서 '자'자가 모두 몇 번 사용되었는지 찾아봅시다. (3 번)

> 자동차는 매우 편리하다. 자동차를 타면 먼 거리를 빠르게 이동할 수 있다. 만약에 자동차가 없다면 사람들은 먼 거리를 오랫동안 걸어서 가든지, 말을 타고 가야 할 것이다.

- 다음 글을 읽으면서 '가'자가 모두 몇 번 사용되었는지 찾아봅시다. (7 번)

> 그러나 자동차가 편리한 점만 있는 것은 아니다. 도로에 비해 자동차가 너무 많아서 길이 많이 막히고 교통사고도 자주 난다. 그리고 자동차가 뿜는 가스 때문에 공기가 오염된다. 그래서 요즘은 공기 오염을 줄일 수 있는 천연가스 버스나 전기자동차가 나오고 있다.

※ 교과서나 책의 다른 내용을 복사해서 사용해도 된다.

단락에서 글자 찾기 2 p.86

- 다음 글을 읽으면서 '이'자가 모두 몇 번 사용되었는지 찾아봅시다. (6 번)

> 어머니에게
> '이 분은 앞을 못 보는 모든 이에게 지식의 문을 열어 주었습니다.'
> 루이 브라유 기념비에 새겨진 글귀입니다. 만일 루이 브라유의 부모가 눈먼 아들이 부끄러워, 집 안에만 가두어 길렀다면 어떻게 되었을까요? 그는 그저 앞을 못 보는 장애인에 머물렀겠지요.
> 아이들에게 꿈을 심어 주세요. 그리고 어려움에 부딪혀도 그 꿈을 잃지 않게, 넘어지더라도 일어나 다시 시작할 수 있게 '용기'를 불어넣어 주세요.

- 다음 글을 읽으면서 '사'자가 모두 몇 번 사용되었는지 찾아봅시다. (6 번)

> 괴물 사형제가 불을 지를 때마다 해치는 번개같이 나타나 불을 끄고 녀석들을 땅 속으로 쫓아 버렸어. 그래서 괴물 사형제는 해치를 몹시 미워하였지.
> '해치만 없으면 온 세상이 우리 차지일 텐데….'
> 괴물 사형제는 해치에게 앙갚음을 하려고 늘 벼르고 있었어.
> 어느 깊은 밤에 괴물 사형제는 몰래 땅 속에서 기어 나왔어. 괴물 사형제는 해치가 밤에는 해를 수평선 너머 바다 밑에 넣어 둔다는 걸 알고, 해를 훔쳐 오기로 한 거야.
> 괴물 사형제는 살금살금 창고 안으로 들어가서 커다란 쇠그물에 해를 넣고는 다시 조심조심 걸어 나왔어.

※ 교과서나 책의 다른 내용을 복사해서 사용해도 된다.

틀린 글자 찾아서 고치기 1 p.87

왼편의 문장들을 보면서 오른편의 문장에서 틀린 곳을 찾아서 고쳐 봅시다(빨강이나 파랑 볼펜으로 고쳐 보게 한다).

바른 문장	고쳐야 할 곳이 포함된 문장
사람의 얼굴을 닮은 로봇은 표정을 지을 수 있습니다.	사람의 얼굴을 ~~달믄~~(닮음) 로봇은 표정을 ~~잣~~(지)을 수 있습니다.
로봇은 우리 몸속에서 병을 찾아 치료하기도 합니다.	로봇은 우리몸속에서 병을 찾아 치료하기도 합니다.
문단의 중심문장과 뒷받침 문장을 파악하며 글을 읽습니다.	문단의 중심문장과 뒷~~바~~(받)침 문장을 파악하며 글을 ~~일~~(읽)습니다.
"얘, 그 많은 동물이 네 물을 마셨으니 네 가슴은 바짝 말랐겠구나."	"~~에~~(얘), 그 많은 동물이 네 물을 마셨으니 네 가슴은 바~~싹~~(짝) 말랐겠구나."
도깨비가 쇠똥과 거름을 밭으로 날라 놓아서 무척 기분이 좋아.	도깨비가 쇠똥과 ~~걸음~~(거름)을 밭으로 날~~아~~(라) 놓아서 무척 기분이 좋아.

"밤송이 말고 알밤을 깔아 놓았더라면 큰 일 날 뻔했는데 말이야!"	"밤송이 말고 알밤을 깔아 놓았더라면 큰 일날뻔 했는데 말이야!"
숨어서 이 이야기를 들은 도깨비는 화가 나서 쩔쩔맸어.	숨어서 이이야기를 들은 도깨비는 화가 나서 쩔쩔맷어. 맸
"아이고, 도대체 내가 뭘 잘못했다고 누가 이렇게 날 괴롭히지?"	"아이고 도대체 내가 뭘 잘못했다고 누가 이렇게 날 괴롭피지?" 히
이건 틀림없이 심술궂은 도깨비의 짓이로구나.	이건 틀림없이 심술궃은 도깨비의 짓이로구나. 궂
그 소리는 수북이 쌓인 잎사귀들에 눌려 아무도 들을 수 없었어요.	그 소리는 수북히 싸인 잎사귀들에 눌려 아무도 들을 수 없었어요. 이 쌓

틀린 글자 찾아서 고치기 2 p. 88

왼편의 문장들을 보면서 오른편의 문장에서 틀린 곳을 찾아서 고쳐 봅시다(빨강이나 파랑 볼펜으로 고쳐 보게 한다).

바른 문장	고쳐야 할 곳이 포함된 문장
그 할아버지는 가난뱅이 구두쇠가 아니고, 재산이 어마어마하게 많은 부자였대!	그 할아버지는 가난벵이 구두쇠가 아니고, 뱅 제산이 어마어마하게 마는 부자였대. 재 많은 !
네가 웬일이냐? 우리 집에 세배하러 오는 사람이 없는데.	네가 왼일이냐? 우리 집에 새배하러 오는 웬 세 사람이 없는데.
우리는 더 이상 우산에 대해서 캐묻지 않았습니다.	우리는 더이상 우산에 대해서 캐뭍지 않앗습니다. 묻 았
우산들은 아빠가 구두를 수선하는 자리 옆에 놓고 파는 것입니다.	우산들은 아빠가 구두를 수선하는 자리 여페 노코 파는 것입니다. 옆에 놓고
만화에서는 인물의 마음을 그림이나 글자로 나타냅니다.	만화에서는 인물의 마음을 그림이나 글자로 나타냄니다. 냅
나그네가 구하여 주지 않았으면 꼼짝없이 죽었을 텐데.	나그네가 구하여 주지 않았으면 꼼짝업시 없이 죽었을 텐데.
까마귀가 남을 속인 일을 뉘우치고 다시는 그런 일을 하지 않아야 한다.	까마귀가 남을 속인일을 뉘우치고 다시는 그런 일을 하지안아야 한다. 않
노란 빛깔의 햇살을 보여 주는 모습은 정말 신기하였어.	노란 빛깔의 햇쌀을 보여 주는 모습은 정말 신기하였어. 햇살
짚신 닳는 것이 아까워 짚신을 허리에 차고 맨발로 걸어 다녔습니다.	집신 달는 것이 아까워 짚신을 허리에 차 짚 닳 고 맨발로 걸어 다녔습니다.
그러니까 두 번 넘어지면 육년이 되잖아요.	그러니까 두 번 너머지면 육년이 되잔아요. 넘어 잖

틀린 글자 찾아서 고치기 3 p. 89

왼편의 문장들을 보면서 오른편의 문장에서 틀린 곳을 찾아서 고쳐 봅시다(빨강이나 파랑 볼펜으로 고쳐 보게 한다).

바른 문장	고쳐야 할 곳이 포함된 문장
파리 한 마리가 창문 밖의 벽에 달라붙어 있었습니다.	파리 한 마리가 창문 박의 벽에 달라부터 밖 붙어 있었습니다.
낮잠을 자던 영감님의 머리 위에서 파리가 미끄럼을 타고 놀아도 알지 못했습니다.	낮잠을 자던 영감님의 머리위에서 파리가 미끄름을 타고 놀아도 알지 못했습니다. 럼
영감님은 벌떡 일어나 파리를 잡으려 했지만, 파리가 어찌나 날쌘지 헛수고만 하였습니다.	영감님은 벌떡 이러나 파리를 잡으려 했지 일어 만, 파리가 어찌나 날샌지 헛수고만 하였 쌘 습니다.
잠시 후 쨍그랑 소리가 요란하게 났습니다.	잠시후 쨍그랑 소리가 요라나게 났습니다. 요란하
영감님이 파리가 앉았던 도자기를 내리치는 바람에 도자기가 그만 산산조각이 나고 말았습니다.	영감님이 파리가 안잤던 도자기를 내리치 앉았 는 바람에 도자기가 그만 산산조각이 나고 말앗습니다. 았
파리는 두 개의 발톱을 가지고 있습니다. 어디에 앉거나, 몸을 안전하게 버티는 데 쓰입니다.	파리는 두개의 발톱을 가지고 있습니다. 어디에 안거나, 몸을 안전하게 버티는 데 쓰입 앉 니다.

좌표에 옮겨 쓰기 1 p. 90

좌표 안의 글자와 여러 가지 모양을 아래 좌표에 옮겨 적어 봅시다(어떻게 옮겨 적을지에 대해 이야기를 나눈 후 시작한다).

	♥							□	
재	미	있	다		■				△
☆					미	안	해		
안	녕	하	세	요				♡	
	○								
				▲				반	
●		좋	아	해			★	가	
고								워	
마		◆							
워								◇	

	♥							□	
재	미	있	다		■				△
☆					미	안	해		
안	녕	하	세	요				♡	
	○								
				▲				반	
●		좋	아	해			★	가	
고								워	
마		◆							
워								◇	

좌표에 옮겨 쓰기 2 p.91

좌표 안의 글자와 여러 가지 모양을 아래 좌표에 옮겨 적어 봅시다(어떻게 옮겨 적을지에 대해 이야기를 나눈 후 시작한다).

		♡					◇		
바	다	표	범		■				△
☆						펭	귄		♥
	하	이	에	나					
	○				악				●
★				▲	어			다	
			코					람	
사	자		끼					쥐	
		◆	리						
				□					

		♡					◇		
바	다	표	범		■				△
☆						펭	귄		♥
	하	이	에	나					
	○				악				●
★				▲	어			다	
			코					람	
사	자		끼					쥐	
		◆	리						
				□					

좌표에 옮겨 쓰기 3 p.92

좌표 안의 글자와 여러 가지 모양, 숫자를 아래 좌표에 옮겨 적어 봅시다(어떻게 옮겨 적을지에 대해 이야기를 나눈 후 시작한다).

♡		13	◆					△	
	설	악	산		♥			2	
☆						남	산		
	에	베	레	스	트				
		▲							○
★			8					알	
								프	
한	라	산			백	●		스	
	■				두				7
				□	산			◇	

♡		13	◆					△	
	설	악	산		♥			2	
☆						남	산		
	에	베	레	스	트				
		▲							○
★			8					알	
								프	
한	라	산			백	●		스	
	■				두				7
				□	산			◇	

좌표에 옮겨 쓰기 4 p.93

좌표 안의 글자와 여러 가지 숫자를 아래 좌표에 옮겨 적어 봅시다(어떻게 옮겨 적을지에 대해 이야기를 나눈 후 시작한다).

U			K			칠	레	M	
대	한	민	국		Y			249	
L						영	국		
	오	스	트	리	아				
		B							P
X			382					스	
	183				덴			위	
짐	바	브	웨		마	A		스	
	S				크				687
				R				G	

U			K			칠	레	M	
대	한	민	국		Y			249	
L						영	국		
	오	스	트	리	아				
		B							P
X			382					스	
	183				덴			위	
짐	바	브	웨		마	A		스	
	S				크				687
				R				G	

좌표에 옮겨 쓰기 5 p.94

좌표 안의 글자와 여러 가지 숫자를 아래 좌표에 옮겨 적어 봅시다(어떻게 옮겨 적을지에 대해 이야기를 나눈 후 시작한다).

소	나	기	99				☆	감	87
	△	☆						자	
3	표				△	5			
	본		메	밀	꽃	필	무	렵	
	실								
동	의	9			운	수	좋	은	날
백	청						△		24
꽃	개		물	레	방	아			
△	구		☆	56					
	리					토	지	8	☆

소	나	기	99				☆	감	87
	△	☆						자	
3	표				△	5			
	본		메	밀	꽃	필	무	렵	
	실								
동	의	9			운	수	좋	은	날
백	청						△		24
꽃	개		물	레	방	아			
△	구		☆	56					
	리					토	지	8	☆

좌표에 옮겨 쓰기 6 p. 95

좌표 안의 글자와 여러 가지 모양을 아래 좌표에 옮겨 적어 봅시다(어떻게 옮겨 적을지에 대해 이야기를 나눈 후 시작한다).

□				♥				★	
	봅	슬	레	이				컬	
					△			링	♥
아	이	스	하	키					
				□			쇼		
							트		
	♥						트		△
피	겨	스	케	이	팅	□	랙		
□									
	스	노	보	드	△	★	루	지	

□				♥				★	
	봅	슬	레	이				컬	
					△			링	♥
아	이	스	하	키					
				□			쇼		
							트		
	♥						트		△
피	겨	스	케	이	팅	□	랙		
□									
	스	노	보	드	△	★	루	지	

지도에 지명 옮겨 쓰기 1 p. 97

- 우리나라 지도 살펴보기

지도에서 각 행정구역의 이름을 읽어 보고, 다음 페이지의 백지도에 옮겨 적어 봅시다.

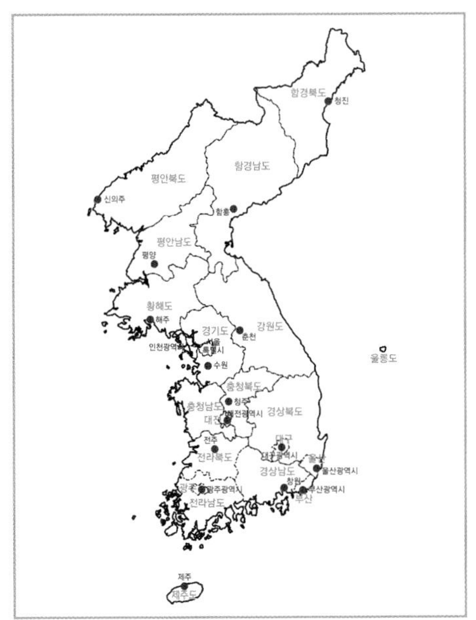

글자숲에서 낱말 찾기 1 p. 102

글자가 가득 적혀 있는 글자숲에서 다음의 낱말들을 찾아서 ○표 해 봅시다(제한시간: 8분).

※ 아동의 수행수준에 따라 시간과 낱말의 수를 조정할 수 있다.

가을 잠자리 김장	낙엽 눈사람 장마	수영 봄 바람	겨울 바다 개나리	장갑 개구리 여름

배	수	만	석	봄	수	민	강
자	가	을	바	람	영	유	브
장	성	개	불	만	낙	엽	서
마	호	구	무	낙	바	화	여
잠	자	리	접	나	다	종	름
가	눈	만	개	겨	울	장	준
들	사	를	나	최	상	갑	활
어	람	사	리	민	김	장	척

글자숲에서 낱말 찾기 2 p. 103

글자가 가득 적혀 있는 글자숲에서 다음의 낱말들을 찾아서 ○표 해 봅시다(제한시간: 8분).

※ 아동의 수행 수준에 따라 시간과 낱말의 수를 조정할 수 있다.

맘모스 화석 연대	과학자 기후 지층	식물 초식동물 공룡	호흡 육식동물 화산	광합성 생물 빙하기

책	수	공	의	앙	산	생	양
유	종	룡	육	식	동	물	빙
맘	모	스	책	물	상	말	하
성	향	호	흡	기	자	장	기
영	초	지	군	후	과	학	자
박	식	층	연	대	화	산	광
세	동	종	말	기	석	성	합
승	물	차	주	멍	군	키	성

글자숲에서 낱말 찾기 3 p. 104

글자가 가득 적혀 있는 글자숲에서 다음의 낱말들을 찾아서 ○표 해 봅시다(제한시간: 8분).

※ 아동의 수행수준에 따라 시간과 낱말의 수를 조정할 수 있다.

살림	암기력	꿀밤	웅달	고집불통
꽃거지	우람	고양이	은행잎	거북
대추나무	수세미	짝수	폴짝폴짝	홀씨
참가	파도	이사	초가집	꽃잎

거	경	고	♣	♠	홀	♠	카	꽃	경	술	차	퐁	감	타
북	봇	이	쟁	술	심	감	름	거	잎	년	풍	여	밤	깨
로	술	이	약	지	퐁	무	가	지	하	나	송	알	잎	여
봇	이	육	사	낭	나	꽃	잎	송	호	코	가	이	♥	튜
홀	튜	비	이	구	육	살	림	호	툴	도	대	교	교	홀
툴	홀	깨	살	낭	참	가	후	♥	차	깨	추	♣	송	틈
크	씨	도	♣	무	육	감	샘	웅	달	튜	나	낭	알	가
우	후	지	샘	이	♣	달	통	초	가	집	무	짝	송	초
람	가	수	세	미	옹	여	불	살	이	꽃	툴	수	♥	코
꽃	암	기	력	후	폴	감	집	괭	참	홀	가	짝	지	이
♠	옹	코	코	이	짝	람	고	밤	이	타	코	홀	단	퐁
파	퐁	이	람	풍	폴	옹	꿀	송	꽃	고	여	암	람	퐁
송	살	새	은	툴	짝	퐁	밤	여	코	양	도	파	도	잎
송	틈	지	행	툴	쟁	툴	코	♣	송	이	휘	쟁	봇	옹
참	감	튜	잎	깨	하	파	로	암	타	카	경	차	♥	가

글자숲에서 낱말 찾기 4 p. 105

글자가 가득 적혀 있는 글자숲에서 다음의 낱말들을 찾아서 ○표 해 봅시다(제한시간: 8분).

살구나무	암송	알밤	옹달샘	심술쟁이
꽃가지	휘파람	괭이	단풍잎	거름
틈새	퐁퐁이	로봇	홀짝홀짝	풍년
낭송	툴툴이	경고	도깨비	밤송이

거	경	고	♣	♠	홀	♠	카	꽃	경	술	차	퐁	감	타
름	봇	이	쟁	술	심	감	름	추	잎	년	풍	여	밤	깨
로	술	이	약	지	퐁	무	가	풍	하	나	송	알	잎	여
봇	이	육	하	낭	나	꽃	단	송	호	코	가	이	♥	튜
홀	튜	비	이	구	육	살	달	호	툴	도	여	교	교	홀
툴	홀	깨	살	낭	참	가	후	♥	차	깨	추	♣	송	틈
크	이	도	♣	무	육	감	샘	타	타	튜	알	낭	알	가
송	후	지	샘	이	♣	달	깨	초	툴	퐁	퐁	짝	송	초
암	가	가	튜	풍	옹	여	튜	살	이	꽃	툴	홀	♥	코
꽃	암	퐁	람	후	로	감	송	괭	참	홀	가	짝	지	이
♠	옹	코	코	이	짝	람	육	밤	이	타	코	홀	단	퐁
파	퐁	이	람	풍	이	옹	봇	송	꽃	지	여	암	람	퐁
송	살	새	이	툴	후	퐁	밤	여	코	약	도	파	도	잎
송	틈	지	툴	툴	쟁	툴	코	♣	송	꽃	휘	쟁	봇	옹
참	감	튜	추	깨	하	파	로	암	타	카	경	차	♥	가

글자숲에서 낱말 찾기 5 p. 106

글자가 가득 적혀 있는 글자숲에서 다음의 낱말들을 찾아서 ○표 해 봅시다(제한시간 없음).

※ 어렵지만 모두 찾는 성공경험을 할 수 있도록 도와준다.

프랑스	대한민국	스위스	대만	일본
영국	미국	중국	태국	오스트리아
핀란드	티벳	인도	캄보디아	칠레
그리스	이탈리아	러시아	쿠바	독일

장	크	♥	세	령	♦	세	고	♦	릭	코	참	참	여	은	코	약	들	튜	감
약	원	의	드	약	금	학	장	교	신	초	마	개	세	약	참	쿠	혜	은	후
약	우	년	산	타	호	후	♣	차	재	들	♥	하	육	감	개	바	년	삼	여
교	대	만	타	뱃	재	튜	원	만	오	♣	학	오	국	영	선	표	가	귀	차
하	핀	란	드	마	가	파	카	들	지	육	들	금	고	코	산	령	마	욕	령
추	초	후	♣	튜	독	여	오	령	타	♥	♥	감	까	까	차	까	릭	금	신
크	까	욕	고	지	일	산	육	하	♦	우	우	마	프	세	기	선	스	위	스
돈	파	타	타	만	영	개	표	♥	후	교	♥	고	은	만	추	현	랑	하	마
오	스	트	리	아	고	오	교	대	한	민	국	파	불	타	들	태	프	현	마
크	파	마	국	프	령	호	육	교	여	♣	타	파	감	감	미	국	혜	욕	타
차	들	영	국	산	선	들	삼	돈	크	금	감	프	후	참	크	년	심	수	산
타	카	개	초	각	♣	코	뱃	러	시	아	타	초	산	각	타	신	치	♦	감
칠	레	파	호	초	망	수	망	까	들	하	만	릭	귀	코	호	재	치	하	심
선	산	하	산	감	파	중	금	여	♦	♣	신	코	티	기	♣	오	들	욕	욕
오	차	원	참	호	세	국	파	각	그	리	스	♣	벳	산	삼	지	참	오	아
재	돈	릭	원	감	지	약	학	개	추	각	돈	까	우	감	히	수	만	참	디
교	선	타	대	이	신	까	감	타	호	뱃	코	산	심	릭	불	♥	♦	재	보
여	추	도	카	탈	타	후	교	금	세	크	교	파	감	♣	카	후	오	영	캄
혜	교	인	후	리	일	튜	감	금	수	불	파	장	혜	하	선	선	오	투	현
산	추	후	치	아	본	타	영	초	불	심	돈	약	초	감	수	호	가	표	마

글자숲에서 낱말 찾기 6 p. 107

글자가 가득 적혀 있는 글자숲에서 다음의 낱말들을 찾아서 ○표 해 봅시다(제한시간 없음).

※ 어렵지만 모두 찾는 성공경험을 할 수 있도록 도와준다.

프레드릭	까마귀	산신령	욕심	은혜
기호	표현	우산	수선	오들오들
망신	각오	세뱃돈	장학금	삼년고개
영감	의원	불만	지혜	재치

장	크	♦	세	령	♦	세	고	♣	릭	코	참	참	여	은	코	약	들	튜	감
약	원	의	드	약	금	학	장	교	신	초	마	개	세	약	참	여	혜	은	후
약	우	년	산	타	호	후	♦	차	재	들	♦	하	육	감	개	고	년	삼	여
교	의	만	타	뱃	재	튜	원	만	오	♥	학	오	국	영	선	표	가	귀	차
하	까	추	약	마	가	파	카	들	지	육	들	금	고	코	산	령	마	욕	령
추	초	후	♦	튜	파	여	오	령	타	♣	♣	감	까	까	차	까	릭	금	신
크	까	욕	고	지	크	산	육	하	♦	우	우	마	프	세	기	선	드	참	산
돈	파	타	타	만	영	개	표	♥	후	교	♣	고	은	만	추	현	레	하	마
표	초	금	참	귀	고	오	교	지	교	영	튜	파	불	타	들	후	프	현	마
크	파	마	타	프	령	호	육	교	여	♣	타	파	감	감	코	까	혜	욕	타
차	들	감	장	산	선	들	삼	돈	크	금	감	프	후	참	크	년	심	수	산
타	카	개	초	각	♥	코	뱃	감	튜	영	타	초	산	각	타	신	치	♦	감
재	육	파	호	초	망	수	망	까	들	하	만	릭	귀	코	호	재	치	하	심
선	산	하	산	감	파	신	금	여	♣	♦	신	코	카	기	♦	오	들	욕	욕
오	차	원	참	호	세	혜	파	각	양	망	오	♦	령	산	삼	지	참	오	추
재	돈	릭	원	감	지	약	학	개	추	각	돈	까	우	감	히	수	만	참	까
교	선	타	교	차	신	까	감	타	호	뱃	코	산	심	릭	불	♥	♦	재	호
여	추	코	카	지	타	후	교	금	세	크	교	파	감	♦	카	후	오	영	오
혜	교	귀	후	금	여	튜	감	금	수	불	파	장	혜	하	선	선	오	투	현
산	추	후	치	년	타	타	영	초	불	심	돈	약	초	감	수	호	가	표	마

저자 소개

박현숙(Park Hyun-suk)

성균관대학교 대학원 아동심리 및 교육 전공 석 · 박사 졸업

서울시 경계선지능아동지원 사회성과보상사업 슈퍼바이저

서울 탑마음클리닉 인지학습치료사

한양여자대학교 아동복지과 강사

현 경계선지능연구소 느리게크는아이 연구소장

아동심리상담센터 I(아이) 센터장

보건복지부 경계선지능아동지원사업 교육강사 및 슈퍼바이저

아동권리보장원 아동자립심의위원

〈저역서 및 연구보고서〉

『경계선 지적 지능 아동의 양육을 위한 가이드북』(공저, 2014, 한국보건복지인력개발원)

『느린 학습자의 심리와 교육』(역, 2013, 학지사)

「경계선 지능 아동 조기선별도구 개발연구 보고서」(공동, 2020, 보건복지부 아동권리보장원)

「경계선 지능 아동 자립지원체계연구: 사업효과성 보고서」(공동, 2017, 한국보건복지인력개발원 아동자립지원단)

「경계선 지능 아동지원사업: 참여아동 실태조사」(공동, 2017, 한국보건복지인력개발원 아동자립지원단)

「서울시 그룹홈 경계선지능 아동 · 청소년 사회성과 연계채권 도입 학술연구」(2014, 서울시 그룹홈협의회)

경계선 지능 아동 · 청소년을 위한

느린 학습자 인지훈련 프로그램 ❷

청각적 주의력 · 시각적 주의력

Slow Learner's Cognitive Training Program

2021년 1월 20일 1판 1쇄 발행
2024년 8월 20일 1판 9쇄 발행

지은이 • 박 현 숙
펴낸이 • 김 진 환
펴낸곳 • (주) 학지사
04031 서울특별시 마포구 양화로 15길 20 마인드월드빌딩 5층
대표전화 • 02) 330-5114 팩스 • 02) 324-2345
등록번호 • 제313-2006-000265호
홈페이지 • http://www.hakjisa.co.kr
인스타그램 • https://www.instagram.com/hakjisabook

ISBN 978-89-997-2240-0 94370
ISBN 978-89-997-2238-7 94370(set)

정가 14,000원

저자와의 협약으로 인지는 생략합니다.
파본은 구입처에서 교환하여 드립니다.